U0924382

猴面包树

与尼采一起创造自己

[法] 巴尔塔萨·托马斯 著　狄佳 译

上海三联书店

谨以本书

纪念

我的母亲。

“

你们还没有开始寻找自己：

于是，你们发现了我。

所有信徒都是如此。

由此可知，

一切信仰都不足挂齿。

现在，我命令你们，

丢掉我，

去找回你们自己。

你们对我全盘否定的那天，

才是我的回归之日……

”

——尼采，《瞧，这个人》，前言，第4节

目录

使用方法

这是一本与众不同的哲学书。一直以来，哲学这门学科“踌躇满志”，致力于让每个人明白自己是谁，进而改善大家的生活。不过，大多数哲学书偏重真理方面的探索，作者绞尽脑汁，深挖理论基础，反倒冷落了实际应用。而我们则相反。我们想知道从一套伟大的哲学思想中到底能够提炼出什么，从而改变生活：改变日常小细节。例如，如何看待存在、为存在赋予怎样的意义。

当然，实践层面的转变，少不了理论层面的调整。幸福与洒脱青睐有准备的人，对那些未曾努力思索一番的人怕是不会垂青的。我们不学那些个人成长宝典，说些谁都爱听的话，再给些简单易行的小贴士。新的行事策略与生活方式，背后一定是新的自我审视与思考方式。因此，我们会发现思考的乐趣，它突如其来，让人不知所措，单单是感受到它，就足以改变我们的生活。

所以，请读者先跟随我们一起思考相关概念，并适时自我拷问，找到自身问题之所在，再辅以新的理论解释，最终通过具体行动获得疗愈。只有思考、感知、行事方式通通被替换之后，我们才能去探求生命更广泛的范畴与意义。所以，本套丛书的每一本都分为四章，结构大致相同。

第一章 症状和诊断

首先，确定焦点问题：我们为什么痛苦？人之所以为人，决定性因素是什么？如何准确理解我们的徘徊与错觉？找准问题，便已迈出了通往解决之道的第一步。

第二章 领悟的关键

哲学通过哪些新思路为我们指点迷津？怎样才能彻底改变视角，把生活牢牢抓在手中？这一章将向读者介绍哲学家最具开拓性的学说。读者可以把它当作工具，以新的目光审视自己。

第三章 行事策略

重新认识“人”这一概念之后，我们的行事策略与生活方式会发生怎样的改变？如何将新的哲学思想运用到日常生活中？思想、行动、自我本色，这一系列连锁转变如何发生？读者可以从这一章中找到一些方案，并在日常生活中加以运用。

第四章 探求“存在”的意义

这一章介绍这位哲学家的学说中最形而上、最思辨的部分。读者如果已经懂得如何优化、管理自己的日常生活，那么下一步就是找寻更具统领性的意义，为自身的存在指明方向。前几章介绍的方式、方法能够给读者带来更好的生活。在这最后一章中，读者必须面对“目的”这一问题，思考存在的终极目的。想要回答这个问题，读者必须以全面且形而上的视角去看待世界并理解自己在其中所扮演的角色。

我们这本书，不只需要阅读，还要付诸行动。每一章首先介绍学说，之后针对您的生活提出一些具体问题。对于这些问题，不要无动于衷，请卷起袖子，拷问自己的过往，做出诚实且一针见血的回答。这些具体练习能够鼓励您在生活中贯彻哲学家的教诲。同样，也请您尽量把这些教诲收为己用，寻找合适场景并认真加以实践。

准备好了吗？让我们出发吧！书里的内容可能有些让人出乎意料——时而不留情面，时而惊世骇俗。做好准备，一起去感受震撼，冲进新的思考逻辑与生活方式吧！这场旅行，不仅会带您探索尼采这位十九世纪哲学家的思想，同时也会帮助您深入内心。那么，请跟随本书内容，跟随问题与观点，启程吧！看看尼采的思想将如何改变您的生活。

第一章

症状和诊断

虚 无 主 义 ， 这 人 性 的 病 ， 太 过 人 性

疾病才是治愈我们的良药

在《瞧，这个人》一书中，尼采总结了自己的一生。他讲道，自己生命中最关键的经历是一场治愈。一直以来，尼采身体状况欠佳，多次受偏头痛折磨，先后出现瘫痪、消化问题和眼疾，在生命最后十年里甚至精神崩溃。对他来说，换个地方、气候，换种烹饪方式，呼吸瑞士山区的干燥空气，沐浴意大利的金色阳光，都是治疗身体不适的方法。其实，环境与气候的改变为他带来的益处远不止身体层面。这是因为，有时让我们不适的，可能是所处的文化与社会，即自身的生活方式与思维方式。

病倒的那一刻，给了我们打破习惯的机会

身染疾病的第一个好处在于它所制造的停顿。疾病迫使我们打破日常作息和旧有习惯，让我们远离原有环境，远离一切表面上踏实且舒适而实际上让我们沉睡与瘫痪的事物：

这场病慢慢解放了我，使我不至于与他人决裂，也不

至于做出任何暴力、唐突的举动。……与此同时，这场病也赐予我彻底打破所有习惯的权利：它允许我、命令我遗忘；它送给我一份礼物——强迫我平躺下来、闲下来、等待、平心静气……但这才是思考！

——《瞧，这个人》，“人性的，太人性的”，第4节

疾病把我们从日常琐碎中解脱出来，也解除了我们的思想禁锢。在独处和休息时，一直束缚我们的常规，终于被思想冲破；参与社会生活时不得不遵循的惯例，病时也被打破。于是，思想可以游走、探险、飞翔，也可以挖洞、蛰伏，在泥里打滚。

疾病改变我们的轻重缓急

卧床不起，甚至痛得动不了的时候，我们的视角就会发生变化：以前看似重要的，现在却显得可笑；曾经觉得微不足道的，此刻却涨得硕大无朋；一直以来被忽视的，当下却变得迫在眉睫。疾病拉近了我们与自己的距离，近得让人窒息；疾病推远了我们与周围世界的距离，远得难以触及。此时，更加沉静、清冷的光线照在事物上，有时甚至加上疼痛这个棱镜。也许，这样的光线能够让我们将事

物看得更加清晰、准确、客观。

剧痛者的目光，来自痛苦深处，带着一种可怕的冷漠，由内向外投射到事物上；在健康者漫不经心的目光下，这些事物经常笼罩在奇光之中，但所有这些星点虚幻，对剧痛者而言都是不存在的。确实，连他自己都躺在那里，躺在自己面前，没有魅力和色彩可言。如果说此前他一直生活在各种危险的神游之中，那么，疼痛带来的清醒就是一种将他从神游中解放出来的手段，恐怕这也是唯一的手段。

——《朝霞》，第二卷，第114节

通过疾病发现生命力

承受极度折磨时，内心深处一直沉睡的生命力苏醒并现身。这一生命力抗击病痛，竭尽所能为自己补充营养。那些转瞬即逝的小乐趣、身边人与日常事的重要性，此前虽早被遗忘，病时却又重新进入我们的视野；以往那些形而上的探求，病时却显得如此空洞、错位。病中的我们别无选择：被迫品尝每一个小细节，避免跌入宿命论的深渊。一颦一笑都是胜利，一呼一吸都是喜悦，点滴阳光都是出乎意料的收获。于是，我们体会到了“冬天里的幸福”，欣赏到了“阳光洒到墙上的斑驳”[1]；我们学会了感激生命，像蜥蜴一样，懒懒地晒太阳。

生病的经历给我们带来一些重大改变。身体上的疼痛迫使我们战胜心灵中的痛苦。走投无路的我们，不得不动用所有的心智力量来抵抗身体的溃败。所以，疾病似乎成了治疗悲观情绪的特效药。

如今，回首那段漫长的患病经历，我可以说，我仿佛重新发现了生命，包括我自己；我品尝所有美好的事物，多小都不放过，达到了其他人难以企及的高度——我把意志投向健康、生活，以此构建我的哲学……希望大家以此为鉴：正是在生命力最微弱的那几年，我停了下来，不再悲观；自我修复的本能禁止我从事那种贫瘠且让人挫败的哲学……

——《瞧，这个人》，“为什么我这么有智慧”，第2节

1 《人性的，太人性的》，第一卷，序，5。
中文摘自：尼采，《人性的，太人性的》，杨恒达译，中国人民大学出版社，2005。有改动。——译者注

疾病，悲观情绪的特效药

从某种意义上讲，治愈我们的恰恰是疾病。对人类和生命的厌恶，长期弥漫的不满情绪，这些奢侈想法只属于健康的人。面对痛苦，这样想简直是自投罗网，我们的尊严岂能容忍。如果把悲观情绪视为自我挑战，考验精神和智力，或者将其视为与黑暗现实之间的决斗，令人越战越勇，那么这样的悲观情绪本也无可厚非。不过，如果它只是痛苦折磨的直接后果，则断然不可。此时的我们，虽还活着，但已失去灵魂、意志、本能，只是在头脑中机械重复身体所承受的一切痛苦。痛苦达到巅峰时，尼采曾高呼："即便痛苦，也不代表我们有权悲观！"他还为自己开了个药方，即"乐观，为了康复，为了有朝一日能够再次悲观[1]"。

于是，康复中的我们获得了新的生命力：它轻松愉快，但调侃味十足；它乐观向上，却适可而止，有些像掺着欢乐的悲观。正是因为我们曾穿越低谷，所以才懂得欣赏美好；正是因为我们曾体会痛苦的沉重，所以才懂得如何放松。疾病让我们更加深刻，这场经历堪比新生。

---

1 《人性的，太人性的》，第二部，序，5。

……人们从如此深渊中走回来，从如此暗无天日的病痛中走回来，从煎熬难耐的多疑症中走回来，重获新生，蜕了皮，更敏感，更精明，对享乐的品位更细腻，对所有美好事物的欣赏更精微，感官上更欢悦，在享乐时多了些危险的真挚，同时也更加孩子气，比从前玲珑百倍。

——《快乐的科学》，前言，第4节

有多少种疾病，就有多少种健康

只有生病了，我们才知道什么是健康。没有生病的时候，我们没有任何理由去调动自己的防御及治愈本能。健康不是静态的，并不存在“拥有”或“失去”的二元对立。健康是动态的，是攻打并战胜疾病的过程。健康不是彼岸，不是陌生、敌意地界的另一边。健康和疾病之间的差别，不在本质，而在程度[1]。健康是更加和谐、更有活力、更加集中的疾病，疾病是四处逸散、六神无主、精疲力竭的健康。健康并不代表着没有疾病、感染、病毒、残疾、畸形、意外事故、受伤、遗传病患，它只是对疾病的本能抵抗。

1　遗稿，1888年，第14组，第65节。

如果把健康当作克服疾病的一种方式，那么有多少种疾病，就有多少种健康。我们应当从此摒弃这种观念，即认为只有一种健康、一种正常身体状态、一种普适标准，认为只有符合标准才算健康。普适生活规范或卫生规定也是不存在的。遵循世卫组织或医学院的建议，并不足以让每一个人找到自己的最大生命力。因此，关键在于寻获属于自己的健康。但是，如果不了解自身疾病，就不可能了解自己的内在防御系统与独特生命力。因为这生命力，只有在出现对抗的时候，才会被唤醒并与敌人不屈斗争。

大健康就是与疾病对话

尼采提出了“大健康”这一概念，以特殊方式看待疾病，看待疾病对健康的影响。只有在抗击疾病时，我们才能了解并感知健康。重获健康之后，我们才算参透疾病。此时我们还会发现，之前本以为的健康之处，其实恰恰是疾病的表现。在大健康语境下，疾病成为一种认知手段、一块试验田。我们甚至想多生几种病，这样才能多了解几种健康！

大健康……，我们无法单纯拥有，需要不断获取，并且被迫不断获取，因为我们随时都在消耗，而且必须随时消耗！

——《快乐的科学》，第五卷，第382节

历史上，关于这种大健康的例子有许多。甚至可以假设，所有大人物都曾以其独特而个性的方式与某种疾病做斗争，都曾战胜它并将它升华。马塞尔·普鲁斯特（Marcel Proust）那急促的语句，就像是他与哮喘为伴的生活；凡·高（Van Gogh）对空间和色彩的感知，就像是他为自己的精神错乱所赋予的意义；贝多芬（Beethoven）最后几部作品在形式上如此抽象，就像是他对听力渐失的回应。此外，作家马尔科姆·劳瑞（Malcolm Lowry）嗜酒如命，小号手切特·贝克（Chet Baker）是个瘾君子。这样的例子说明，有些人需要主动招致疾病，需要在身体成瘾与自我毁灭的倾向中寻获属于自己的敌人，需要借助这样的“兴奋剂”来鞭挞自己的活力、自己的抵抗力，由此全身心地投入，以自己的方式绽放生命。

疾病，自我认知的途径

尼采将健康与自由思想进行比较：我们需要属于自己的见解，同样，我们也需要属于自己的健康，因为“对一个人来说获得健康的必要条件，对另一个人来说可能是病因”[1]。由此看来，经历疾病就是寻找自我。

因为健康本身并不存在，且一切尝试把健康界定为某物的行为，终将惨败。对于你的身体而言，健康到底意味着什么，想要确定这一点，就要看你的目的、眼界、精力、动力、错误，尤其是你心中的理想和那些挥之不去的画面。所以，存在无数种身体健康。

——《快乐的科学》，第三卷，第120节

正是疾病，迫使一些英豪去寻找自己的志向、解药、健康，找到与他人完全不同的路。除此以外，他们别无选择。如果找不到那条独一无二的路，他们多半会在医院、精神病院、监狱或公墓中了却一生。从某种意义上说，必须承认，与我们这些享受“标准”健康舒适生活的人相比，他们反而更健康、更有活力、更强健。毫无疑问，对他们来说：

1 《人性的，太人性的》，第一部，第5章，第286节。

疾病是强大的兴奋剂。但必须足够健康才能使用它。

——遗稿，1888年，第15组，第118节

我们是否健康到了能去使用这种兴奋剂的程度？也许我们还不知道自己得了什么病，还没有找到自己的解药、活力、志向。我们得的病，说不清道不明，却无处不在，已经成为我们的生活基调，并衍生出更加特殊的疾病。它到底是什么？

关键问题

1. 下次生病的时候，或者感到疼痛的时候，即使持续时间短暂，也请留心疼痛如何改变您的感知。您觉得自己与事物之间的距离拉远了，还是靠近了？它们在您眼中变得更生动了，还是更普通了？您是否从疼痛带来的这种感知中获得启发？在所谓的“正常”生活中，如何利用这些启示？

2. 疼痛、生病的经历是否让您转变视角？让您重新调整事情的轻重缓急？在痛苦的影响下，有些事情不再重要，而那些曾经微不足道的，此时却地位愈显，

您是否有这样的感觉？疾病是否减轻了您的负重，促使您抛却忧愁，让您变得更加轻盈？与此同时，它是否带给您力量，让您找到重心？

3. 我们都有沮丧和倦怠的时候，但它何时出现？面对痛苦、困难的时候，思念故人的时候，您是否会感到泄气？或者，毫无障碍、毫无挑战的生活更让您倍感倦怠？与痛苦做斗争的时候，您是否会发现新的力量？如果答案是否定的，那么请留心，生命会体现在点滴小事上，在病得最严重、最绝望时，反抗痛苦的力量也会有星点觉醒。有时，一声看破红尘的哼笑就能把您从绝望中救回来。不过，您需要懂得如何利用这种玩世不恭的态度，把它当作切入点，在不尽如人意的现状中找到对生活的渴望。

4. 按照您的方式生活时，您是否留意过，某些时刻您会充满活力、效率极高，或者觉知极为敏感？在这些时刻，您的状态是公认的“正常”健康，还是会被人当作“有病”？例如，您觉得自己在什么时候更有活力？休息之后，还是极度疲惫时？空腹时，还是饱餐之后？感觉热的时候，还是感觉冷的时候？留意这些特定状态给出的迹象，您可能就会找到自己的“大健康”。

上帝已死，但他的影子还活着！

尼采不仅为自己的病下了诊断，还想自我医治。这病的名字就是“虚无主义”。得这种病的人会觉得存在毫无意义、生命毫无价值、付出与回报不成正比，善也好、恶也罢，富也好、贫也罢，美也好、丑也罢，都不重要了。既然一切都归于虚无，那虚无的价值就超过存在，死亡的价值就超过生命。有过抑郁经历的人都能领会这种感觉。抑郁的人，早上起不来床，这是因为白天没有任何值得他们费心追求的目标。他们不但无法感受快乐，甚至想悲伤的时候都悲伤不起来。无论发生什么，他们都觉得无所谓，对他们来说，所有事物都失去了价值与兴味。

当生活失去目标

这种阶段性（但愿如此吧）个人虚无主义就是抑郁。尼采说，在它背后，还有一种更加普遍的抑郁，一种属于整个文明、整个时代的抑郁，这种抑郁时而会以隐蔽的方式发挥作用。尼采在描述虚无主义的时候，用词相当扼要：

虚无主义：缺少目标，缺少对“为什么”的回答。什么是虚无主义？即最高价值观失去了价值。

——遗稿，1887年，第9组，第35节

因此，虚无主义似乎既有实践上的瘫痪，也有理论上的空缺。怎么也打不起精神，不知道该做些什么，其原因在于根本不知道该想些什么。不再相信生命的意义，不再相信曾经的目标，不再相信曾经捍卫并仰望的价值观。到底是什么让我们不再相信？为什么曾经的最高价值观失去了价值？因为失望，因为背叛，因为生命中的一场事故，或者仅仅是因为反复失败带来的沮丧、无力感？

对于曾被尼采尊为哲学老师的阿图尔·叔本华（Arthur Schopenhauer）而言，“存在”本身即残酷无情。因此，剥夺存在价值的，就是存在本身。生命是一场无休止的斗争，目的在于满足自身盲目且暴虐的欲望。而这欲望一经满足，我们就会再次感到失望，被迫开始新的征战，比之前更加绝望。所以，“人生是在痛苦和无聊之间像钟摆一样地来回摆动着”[1]。唯一的出路是放弃欲望，否认生存的意志，选择死

1 《作为意志和表象的世界》，第四篇，§57。
中文摘自：叔本华，《作为意志和表象的世界》，石冲白译，杨一之校，商务印书馆，1982。——译者注

亡，放弃生命——但这并不是说选择自杀，而是活得像死人一样，生无可恋。

我们每个人都有过这种挫败体验。身陷其中时，一切似乎都是徒劳的、痛苦的。不过，对某些人而言，一边是狂热的欲望，另一边是极度的敏感，两者结合，将欲望、意志、生命变成了一场永无止境且荒谬的折磨。我们为何会落到如此境地？生命为何会自我否定？就是这种问题，一直折磨着尼采，逐渐把他推到了他老师的对立面。

当信仰再无可能

虚无主义这种状态的浮现，其导火索是尼采所谓的“上帝之死”。随着文明、文化、科学、道德觉知的进步，我们越来越不相信上帝的存在，不再相信各派宗教的条条框框。起初，这一情形如同巨大灾难：

疯子跃入他们之中，瞪着两只眼睛，死死盯着他们，嚷道：“上帝哪儿去了？让我们告诉你们吧！是我们把他杀了！你们和我们杀的！咱们大伙儿全是凶手！我们是怎么杀的呢？我们怎能把海水喝干呢？谁给我们海绵，把整个视界擦掉呢？我们把地球从太阳的锁链下解放出来之后该怎么办呢？”[1]

——《快乐的科学》，第三卷，第125节

上帝真的是人类杀死的吗？或者他只是自然死亡？他被自身矛盾击败了？为什么我们不再相信上帝？我们的动机，也许是武断的欲望？是因为我们想要奋起反抗，我们想要否定权威，还是我们想要随心所欲且不再向更高权威解释、汇报？

宗教杀死了上帝，人类失去了司南

尼采告诉我们，事实并非如此。我们之所以杀死上帝，正是出于基督教谆谆教诲的某些价值观。在遵循这些价值观之后，基督教在我们眼中变得可疑起来。它教导人们敬拜真理，就像敬神一样。但正是由于对真理的苦求，我们开始质疑宗教。基督教宣扬以同情为美德，但是人们在拥有这种高雅美德之后，再也无法容忍宗教对待敌人的极端残忍态度（无论今世往生）。

就是这样，我们不再信基督：我们已经把基督教甩

1　中文摘自：尼采，《快乐的科学》，黄明嘉译，华东师范大学出版社，2007。有改动。——译者注

在身后，不是因为走得太远，而是因为曾经太近。更深层的原因在于，基督教就是我们的根，是我们最严肃、最挑剔的虔诚所在。如今，正是这种虔诚让我们无法再信基督。

——遗稿，1885—1886年，第2组，第200节

是的，我们杀死了上帝。然而，凶手正是我们的良心、我们的刚正、我们的是非曲直、我们的道德觉知、我们的自我拷问——正是被尼采称为正直的那些品行，也就是宗教教给我们的一切。我们之所以杀死上帝，并不是因为我们不再爱他。恰恰相反，我们原本希望上帝永远不死，希望他能信守诺言，尊重他向我们揭示的价值观。因此，他的死亡给我们带来的，不只是失望，更多的是遭受背叛、真正被抛弃的感觉。人类失去重心，晕头转向，成了自由落体。

上帝之死，让人类失去了意义和方向。基督教讲述了世界起源的故事，展望了世界的尽头，将天堂和地狱纳入版图，把人类置于光明和黑暗之间，以此塑造时间和空间的概念。它筑起界碑、围墙，用远方的花园抚慰人们的双眼，用宅内庭院保护人们免受虚无风暴的袭击，用钟楼和

尖塔提供直立的倚靠。这一切，都是为了让大地更加适合人类居住。宗教在石版上刻下律法，规定罪恶与美德，承诺永恒生命，给予补偿过错的机会，嘉奖牺牲事迹，于是给人类带来目的、希望，给人生的所有辛酸带来一丝慰藉。可是，上帝死后，人类也失去了总体支撑，无法面对存在的痛苦、疑惑、荒谬。

与上帝之死相比，臆想出上帝才更像虚无主义者的行为

人们不禁要问，失去的不过是谎话连篇的信仰而已，为什么会让生活变得难以忍受？我们为何需要谎言才能生存？也许问题根源之深早已超出了我们的想象，那该怎么办？如果停止相信上帝，我们就变成了虚无主义者，就失去了生命的目的和价值，但果真如此吗？也许事实恰恰相反，我们本来就是虚无主义者，本来就无法找到生命的目标和价值，所以我们才需要相信上帝。

这就是尼采的底层直觉，非常精彩的想法。他认为，虚无主义并非始于上帝之死，而是始于上帝之诞生。虚无主义与最高价值观的坍塌无关，与其最初树立有关；它与停止相信上帝无关，与渴求信仰有关。我们之所以生病，不是因为停止服药，而是因为从最初那一刻起就需要这样的药，饮鸩止渴也在所不惜。因此，上帝之死并非虚无主义的起因，而是其后果。尼采写道：

待阐明观点：虚无主义的思维方式是相信道德观念及牧师价值观的后果。如果没有摆正价值取向，那么，发现这种错误的时候，世界似乎也就失去了价值。

——遗稿，1888年，第22组，第3节

原发虚无主义与基督教上帝诞生有关，继发虚无主义则与上帝之死有关。很容易就能看出，看待继发虚无主义时，我们的视角有误：我们把基督教价值观的坍塌与生命本身的坍塌当成了一回事。事实上，就算基督教价值观荒诞不经，也并不代表生命本身不再有价值。

作为替代品的各种神

也许有人会反驳说，那些都是过去的事了，上帝之死已成为历史，自那以后我们已经建立起全新价值观，更加人性，也更加贴近生活。但是，上帝之死并非一次性事件，每天都有大量“神”离开人世。它们中，有的被我们封在心底，有的是社会、政治、艺术名流，有的是我们爱慕依恋的对象。每个人都需要偶像、理想，需要或大或小的神，大到政治乌托邦，小到心爱的女人、职业规划。有了它们，我们的生活才有意义；失去了它们，我们就会一蹶不振。事实上，尼采预测，上帝死后，还会出现作为替代品的各种神，它们也将大量死亡。本性难移的我们，在很长一段时间里，依然需要树立并崇拜偶像，无论它们有多虚幻。

佛祖释迦牟尼死了，之后几百年间，人们仍在洞穴里展示他的影子——那是怎样一个阴森可怕的影子呀。上帝死了：按照人的本性，千百年间，恐怕也会有洞穴来展示他的影子吧。而我们——面对他的影子，我们也要再次取得胜利！

——《快乐的科学》，第三卷，第108节

不要害怕虚无

尼采的分析针对文化虚无主义，但它同样适用于个人虚无主义——抑郁。被自己心爱之人背叛的时候，对自己的志向或政治偶像失望的时候，我们会感到痛苦，会以为痛苦的原因在于丢失了理想。但我们必须知道，这种痛苦本来就有，正是因为它的存在，我们才会去寻找理想。所以，我们必须正视虚无，必须接受“生活并无意义”这一事实。不能逃避，不能寻找各种神作为替代品，也不能走回头路，不能退守曾经的信仰。

> 说给保守派听。——以前不知道的事，今天知道且能够知道的事——任何退行，任何意义和程度上的倒退，都绝对不可能。……
>
> 无济于事：必须前进，一步又一步，在颓废中继续（这就是我给现代“进步”下的定义……）。可以减缓发展，通过减缓，让衰败的东西郁结、积聚，变得更加凶猛狂暴：不能做得更多了。
>
> ——《偶像的黄昏》，“一个不合时宜者的漫游”，第43节

面对价值观危机，让我们遗忘那些价值观，忘乎所以地冲入危机吧。也许正是在这危机之中，在尼采所说的“颓废”之中，在彻底失去所有意义之时，我们才能看到黑夜中的火光，那就是我们自己的价值观，生命本身所产生的价值观。

关键问题

1. 一切似乎都失去了意义，没有任何事物能够激起您的兴趣，您是否体验过这样的时刻？如果答案是肯定的，那么您认为意义尽失的原因何在？请尽量准确、诚实地回答，这个问题可不简单！

2. 对您来说，实现自我需要怎样的前提？理想？神灵（不一定来自宗教信仰）？外界给予、并非内在产生的目标？请说一说，为何您需要这样的前提。然后，试想一下，如果没有这个理想、这位神灵、这个目标，您的生活会是怎样的？您能忍受这样的生活吗？或者觉得这样的生活荒诞不经？

3. 在您身上，在日常小事中，在生命为您准备的无数未知里，您能否感到一切充满意义？如果答案是否定的，那么您能否独自找到意义？如何才能让生命本身具有意义？“理想”“神灵”“价值取向”这些外界事物，如何才能剥离它们对生命意义的影响？

4. 您如何面对失落、失望、背叛？您是否想回过头去，找回失去的一切？或者找到一个相似之物，替代失去的东西？

5. 您如何解释失却之后陷入的痛苦或抑郁状态？您认为原因何在？仅仅因为丢失了心爱之物或崇敬之人？或者您已经发现，其实早在失却之前，这种痛苦便已存在？在您树立理想之前，在遇到心爱之人、中意之事之前，这种痛苦便已存在？原初的痛苦给您怎样的感觉？害怕？羞耻？

幸福，心灰意冷之人的狗皮膏药

人们发现，自己被两个世界撕扯着，一边是旧有的理想，另一边是开始逐渐体悟到的现实。柏拉图哲学传统中提到“善”和“真”，前者是指对生活有益的，后者是指现实中存在的。在柏拉图看来，善和真是一样的，可人们却觉得两者并不等同，似乎自己被切成了两半，一部分相信善，另一部分相信真。一直以来支撑生活的谎言，本想继续追随，却发现再也做不到了。于是，判断力与心愿背道而驰，人就变成了行走的矛盾体。

现代人成了生物学意义上的价值矛盾体，他坐在两把椅子上，一口气说出“是”和“否”。

——《瓦格纳事件》，后记

躲在怀疑态度里

无法区分“是”和“否”，这是虚无主义的主要特征。虚无主义者失去了坦率说“是”、确切说“否”的能力。他不知道如何明确表态，既不承诺，也不拒绝，怎么也区分不出轻重缓急。当他坚守立场的时候，说好听点是戏谑嘲弄，说难听点是虚伪做作。在虚无主义的时代，人们要么把怀疑论当哲学，要么转身一股脑地冲向它的反面——狂热主义。对尼采来说，怀疑论有两种。一种怀疑论表现出对极大的自由以及智识的苛求：这是一种精神力量，它既不服从任何教条，也不听信任何安抚人心的肯定答案。因此，它是任何真正思考的先决条件。这种积极的怀疑论，其实是在试验新的想法，尝试新的生活方式。

我赞美一切怀疑态度，我想这样回答它：“让我们尝试一下吧！”不过，凡是不允许试验的事物和问题，我压根不感兴趣。这就是我“真理意识”的界限：因为在那里，勇气已无济于事。

——《快乐的科学》，第一卷，第51节

但是，也有一种完全相反的怀疑论。这是一种消极的怀疑论，它不敢坚持己见，不敢捍卫观点，甚至不敢表达任何想法。它是心智的舒适区，是阻止行动的镇静剂，是排解自暴自弃想法的泻药。这种意义上的怀疑论绝对是有史以来最唯唯诺诺的哲学：这种怀疑论者不敢加入任何阵营，最终四方迁就。

“我们的耳朵中不是已充满了令人不快的声音？”怀疑论者说，他们是喜欢安静的人，几乎可以说是一种安全警察。“这种暗中的否定太可怕了！住嘴，你们这些悲观的鼹鼠！”怀疑论者是种娇贵的动物，很容易被吓着。其良心所受的教育，使他一听到否定便惊跳起来，甚至听到清脆而坚定的肯定也会惊跳起来，像是被什么咬了一口。肯定！和否定！——在怀疑论者看来是与道德相对立的。[1]

——《善恶的彼岸》，第六章，第208节

1　中文摘自：尼采，《善恶的彼岸》，朱泱译，团结出版社，2001。——译者注持有这种怀疑论实际上是一种防御反应，如果某些想法可能颠覆我们的认知，它就会站出来实施打击。同时，它也揭示了意志薄弱：无法决断，既无法否定，也无法肯定，无法全身心地投入某个想法。怀疑论者和虚无主义者一样，都是失去“本能”的人。他既不知道什么对自己有好处，也不知道自己的身体需要什么。他假装智慧思索，实则慌乱不已。最初，怀疑论的确能起到解放的作用，能够帮助我们摆脱传统、自身习惯、主流观点的束缚。但在此之后，我们必须学习如何摆脱这种充满怀疑态度的解放状态。

偏好风险的怀疑论与偏好舒适的怀疑论之间有所区别，这个区别恰恰就是尼采眼中虚无主义两种表现形式之间的区别，即积极虚无主义和消极虚无主义之间的区别。事实上，虚无主义既可能源自心智的强大，也可能源自心智的软弱。如果我们的心智变得太过强大、太过苛责、太过玲珑，那么面对理想时，我们就只能看到它的软弱与虚假，于是不再相信。此外，还有另一种可能，当我们的心智变得极为软弱，软弱到连相信点什么的力气都没有了，那么我们也会不再相信。我们累了，疲惫不堪，瘫软无力，无法再去维持我们原有的价值观，于是就凑合选择了这种消极虚无主义。我们似乎松了一口气，再也不用去背负信仰的重担，也不用去考虑其严苛的要求了。积极虚无主义者把原有价值观坍塌后的废墟当作游乐场，用来实验新的价值观；消极虚无主义者则故步自封，满足于那些已然失去价值的事物。最高价值观的终结，成了人们平庸与懒惰的完美借口。

百无聊赖的生活是如此甜蜜

在消极虚无主义者眼中，最高价值观的贬值就像突如其来的好运。理想垮台，意味着不再需要尽最大努力，不再需要为追随理想而严格律己。尽管我们对基督教有着许多批评，但必须承认，如果以基督教为楷模，人们就必须学会自我超越：恢宏的教堂建筑、意大利文艺复兴时期精致的圣母像、复杂的宗教音乐、巴赫《音乐的奉献》，都是明证。但是，这过往的伟大也会让我们不得不正视自己的平庸。所以，消极虚无主义者会因所有理想的消逝而欢欣雀跃。谈起这些理想，他们想做的只不过是没完没了地嘲笑罢了。

所以，消极虚无主义者不能接受任何形式的不平等、差异或个体之间的差距，他总是需要和同类比来比去。如果人类实现了处处平等，那他就再也不会被比下去了。即使周围人超过了他，他也不会去质疑自己，更不会想办法超越自我。更糟糕的是，当他看到别人比自己优秀的时候，根本不会去鄙视自己。可是，如果不知道什么是鄙视，也就不知道什么是钦佩。人们似乎已经把这两种情绪锁了起来。可是，凡是想要战胜自己的，必然不能丢了这两种情绪。

当然，任何观念都可能与初衷背道而驰。对这种平等观念来说，其后果就是人类的普遍萎缩。如果一个人达到顶峰，没有什么比他强，没有上帝、老师，没有发展壮大的目标，那么他只能萎缩，直至消亡。用尼采的话说，这就是“末人”。事实上，当人们停止成长的时候，就走到了终点，然后在这个终点上遥遥无期地原地踏步。末人身体健壮，是人类历史上活得最久的，而长寿也是他的唯一追求。

幸福绝非目标，只是次生效应

如果失去了所有理想、渴望、疯狂，那就只剩下一件事——幸福。所以，幸福是虚无主义者的终极追求，是任何衰落、奢靡、疲惫时代的默认目标。只有在走投无路的时候，我们才会去追求幸福：此时的我们，已经没有勇气到自我之外去渴望、求索、希冀。如今，我们根本无法朝着集体目标共同努力，总是用怀疑的目光打量乌托邦，将任何过往计划视为失败，甚至是惨败，市场上的书也总是承诺教人如何“幸福[1]”。这一切，其实并非偶然。

诚然，幸福这种状态确实存在且令人渴望。然而，尼采一再强调，它只是一种次生效应。幸福来自更重要的事，来自更高的目标。完成某个项目、克服某个障碍、赢得某场比赛、增强某项实力之后，我们才会获得实实在在的幸福。当我们追求其他目标时，真正的幸福就会发生，尽管这些目标可能会导致不幸。如果我们把幸福本身当作目标，那么得到的只能是微不足道、索然无味、穷极无聊的幸福。英国功利主义者将“大多数人的最大幸福”当作所有公平社会的目标。对此，尼采写道：

> 如果拥有了属于自己生命的“为何”，就能顺应几乎所有的“如何”——人努力追求的不是幸福；那只是英国人的做法。
>
> ——《偶像的黄昏》，“格言与箭”，第12节

1　包括我自己写的书《与斯宾诺莎一起变得幸福》。不过，在康复过程中，的确可以将幸福作为必要的中间步骤、康复阶段。在此期间，我们合理休养，让自己“乐观，为了有朝一日能够再次悲观”，也就是说，恢复力量，以应对更大的风险、投入真正的目标。

单就幸福本身而言，它只是一种空荡荡的状态，没有实在内涵。没有目标、没有内容、没有权衡利弊的幸福，只是徒有虚名，只能依靠它的反面去定义。这幸福虽然没有痛苦、渴望、不安、危险，但本身也绝无任何积极意义。往好处说，是一种睡眠；往坏处说，是一种死亡。所以，末人看重“毒药”。人们以为与生存相关的所有问题都能通过精神药物解决：早上来片百优解，傍晚来片伟哥，入睡前再来片思诺思，焦躁的学生服用镇静药，其他人服用抗抑郁药。之所以出现这种情形，是因为虚无主义者不能忍受内心的任何波澜。末人既不愿承认低人一等，也不想向上进取。但是，尼采认为，想要勇攀高峰，这两种态度缺一不可。我们内心深处是否仍有许多混沌？是否还会六神无主、心慌意乱？是否还有那未经雕琢的能量？我们使用镇静药，动用理智、规划，以过度合理的态度对待生活，竭尽全力，不都是为了扼杀、征服这种混沌、这股能量吗？

工作，大众的镇静药

我们心中的这块混沌，蕴藏着创造的力量。想要杀死它，最有效的毒药之一就是工作。如今，我们经常将工作视为自我实现的唯一途径，想要通过这条路，利用才干“活出自己”。但是，将工作视为解脱束缚、绽放生命之道，这种想法真的符合打工人的社会经济现状吗？在就业市场上寻找自己的位置，难道不是束手就擒、自投罗网吗？不正是在剔除我们的所有独特之处，转而去适应市场需求、管理需要、企业文化吗？所以，尼采认为，赞颂“工作价值”，其实表达出对个性的恐惧，害怕它的叛逆，害怕它威胁末人群体。

从根本上说，如今，一提到工作——从早到晚的艰苦勤奋劳动，人们就觉得这样的工作是最好的警察，觉得它给每个人戴上了枷锁，其意图是严厉阻止理性、欲望以及独立意识的成长。工作耗费了大量精力，夺走了思索、忖度、做白日梦、未雨绸缪、爱恨情仇的时间，通过让人们树立眼前小目标，提供了轻而易举且有规律的满足感。因此，总是让人们艰苦工作的社会，就是更为安全的社会，而安全则是当今的最高神明。

——《朝霞》，第三卷，第173节

太阳底下无新鲜事：在尼采那个时代，过分看重工作与痴迷于安全这两种态度齐头并进。我们埋头工作是有原因的。我们把工作当作一种散心的方法，利用它把注意力从焦虑、空想、内心混沌上拨开，避开那股兼具创造性和毁灭性的能量。在这方面，工作的确起到了镇静的作用。

漫长平淡生活中的小健康

末人对健康（当然是小健康，不是大健康）的痴迷近乎病态，他们盲目追求长寿，几近患上疑病症。往大了说，这是因为他们认为幸福就应该是无毒无害、按部就班的。然而，如果没有得到生命本身强有力的支撑，那么寿命和健康也只不过是空架子而已。是强度决定寿命，而不是寿命决定强度[1]！如果人们不知道活着该做些什么，那么唯一的希望、最后的慰藉就是漫长地活下去……

永无止境地“想要活下去”并“能够不死”，这种想法本身就是感知能力逐渐衰退的标志：一个人活得越充实、越淋漓尽致，他就越能当机立断，为那唯一的美好感觉献出生命。

——《人性的，太人性的》，第二部，第2章，第187节

1　莫扎特（Mozart）、弗朗茨·舒伯特（Franz Schubert）、格奥尔格·毕希纳（Georg Büchner）、吉姆·莫里森（Jim Morrison）或吉米·亨德里克斯（Jimi Hendrix），他们的生命极其短暂，但极其强烈，余波直达今天的我们。甚至可以说，他们的生命实际上是永恒的。

生命中最重要的，就是“美好感觉”。所以，理所当然地，我们愿意追求品质，同时放弃数量、缩短寿命，让生命带来的感觉更加强烈。

以恐惧施行的暴政与人类的萎缩

尼采所说的“以恐惧施行的暴政”，就是当今社会的写照。我们的制度、法律、生活准则，其目的从来都不是鼓励追求值得的生命，也不是拓展生命的强度，而是打击或禁止可能为生命带来风险的情形。所以，支配我们的不是渴望，而是恐惧。结果却是在消除所有风险、痛苦源的同时，也消除了生命突然强烈绽放的任何可能，根除了波谲云诡，斩断了任何潜在干扰。于是，我们再也无法灵感爆棚、幡然顿悟、走向强大：对健康和安全的痴迷令人类萎缩。

我们怀着一个可怕的念头，想要磨平生活中所有棱角，这难道不是把人类变成散沙的最有效手段？变成散沙！细小、绵软、圆润、一望无际的散沙！

——《朝霞》，第三卷，第174节

所以，要问自己以下这些问题：我们害怕什么？我们想要逃离什么？我们竭尽全力，到底想要禁止什么？想要消除什么？在这种恐惧的支配下，我们决心压缩生命，让它变得四平八稳、波澜不惊、无动于衷，为什么会这样？在这种恐惧的支配下，我们决心牺牲生命中最可贵、最感人的部分，为什么会这样？要回答这个问题，我们必须思考：痛苦在我们的生命中到底扮演怎样的角色？

关键问题

1. 在生活中，您是否感到愿望与现实之间的对立？如果答案是肯定的，您是如何处理这种矛盾的？您是否像理想主义者一样，生活在否认之中？或者，您认为现实更有道理，于是陷入悲观抑郁之中？对愿望的感知与对现实的感知，两者之间的抗衡是否让您感到不知所措、精疲力竭，导致您无法做出任何决定？或者，恰恰相反，这种对立让您本人在做事时充满矛盾、杂乱无章、难以预测，让您在两个极端之间摇摆不定？您能否找到另一种解决方案？或者说，您觉得什么东西最吸引您？

2. 您的想法是否坚定不移？或者您觉得自己更像

个怀疑论者？作为怀疑论者，您是否偏向于先彻底了解再发表意见？怀疑态度更像是一种恐惧与逃避——害怕被骗，想要躲在舒适区里，不愿冒险捍卫某种想法，您是否承认自己就是如此？

3.“存在”本身并没有普适意义，意识到这一点之后您有什么样的反应？是退却，还是萌生兴趣、想要试验？如果最高价值观的坍塌让您止步不前，让您满足于甜蜜的压抑或卑微的幸福，那您就是一个消极虚无主义者。相反，如果您抓住了价值观坍塌这个机会，以轻松清醒的方式尝试新的生活，那您就是一个积极虚无主义者。

4. 您如何看待人与人之间的不平等？您是否想要看到他人与自己平等？或者，您把不平等视为生命中的兴奋剂？看到别人比自己更成功的时候，您会觉得难堪或者嫉妒吗？这种情况能否点燃您的野心？看到有人比您过得差，您是否觉得愤恨，是否因自己的成功而感到有罪？或者，您希望以身作则，帮助失败者重新崛起？

5. 您眼中的幸福，是功成名就，还是委曲求全？

是对追求目标时所经风险的回报，还是对遭受失败打击的安慰？想要获得幸福，就应当避免不幸，您是否同意这样的观点？或者，您认为应当尽可能多地体验生活，包括那些可能导致不幸的情形吗？

6. 您愿意单调平淡地过完长寿的一生，还是渴望短暂但强烈的生命？意识到这样的区别之后，您将如何在生活中做出选择？

7. 工作之于生活，其意义何在？它是兴奋剂，还是镇静药？您之所以工作，主要原因是否在于排解思绪，避免去想某些事？

没有意义才令人痛苦

虚无主义者的幸福是彻底根除痛苦之源，代价则是显著减少原本能够获得的体验与机会。摆脱痛苦、寻求愉悦，这简直再健康正常不过，任何生灵都是如此。躲避痛苦这种自发行为，很多时候甚至已经成了一种自动机制，是我们不假思索的选择。但是，就算躲避痛苦是与生俱来的倾向，难道我们就能视痛苦为罪大恶极吗？恐怕并非如此。

为什么我们会对痛苦如此敏感？

悖谬的是，在现代社会，随着医学进步及生活逐渐安逸，真正意义上的身体病痛已经大大减少，但此时的我们，却对痛苦和疾病更加敏感——放到以前的时代，会被当作疑病症。承受的痛苦越少，我们就越敏感，越感觉自己正在受苦。

我们的状况：经济富足导致人们更加敏感；稍微受点伤害，就感觉饱受痛苦；我们的肉体得到的保护越好，我们的灵魂就病得越重。

——遗稿，1886—1887年，第7组，第7节

“根除痛苦”这一想法，如今已产生自相矛盾、出乎意料的后果，就连尼采本人都没料到：越来越多的人主动寻找疼痛，无缘无故、荒谬至极。例如，有些人会自残，在身体上制造刻痕，沉迷于在肉体上做标记。也许，我们的生活已经如此贫瘠，如果想要感受高强度的生命，那么唯一的办法就是主动制造疼痛。似乎只有通过受伤才能建立自己与身体之间的连接，建立身体与世界之间的连接，或者身体与某件物品（例如刀、针、穿刺环钉）之间的连接。面对疼感

的报复性袭击，我们不禁要问：痛苦到底扮演着怎样的角色？根除生活中的痛苦，难道真的有可能吗？

只有精疲力竭的人才会害怕痛苦

在这里，尼采给出了最终“判决”：只有病人才会把再不受苦当作主要目标。对疼痛的痴迷，以及痴迷于与疼痛相反的东西——愉悦，这是久病之人的特点。这种痴迷，说明这个人已经疲了、倦了，力不从心了，失去了应对痛苦的能力。健康的人，或将痛苦视为兴奋剂，在它的刺激下变得更为强大；或将痛苦视为敌人，一想到战胜它便会欣喜若狂。

勇敢且开拓进取的人绝对不会把愉悦和疼痛当作终极价值问题——如果一个人想要达成某个目标的话，就必须有意接受这两种随之而来的状态。形而上学派和宗教人士总是把愉悦和痛苦问题摆在显要位置，真是尽显疲惫病态。

——遗稿，1887年，第8组，第2节

因此，我们必须接受这个事实：痛苦是生命中不可或缺的元素，甚至可能是最关键的元素。当然，刻意寻求痛苦的行为与尼采精神背道而驰，并不是我们鼓励的做法。反过来，不惜代价刻意躲避痛苦的行为，也必须受到抵制。在最基本的层面上，疼痛是一个指标，是一记警钟，对我们的行为和人类这一物种的保护而言至关重要。失去了它，任何体验、学习都无法实现。痛苦和愉悦一样，都是我们行为的向导。因此，“痛感中的智慧与愉悦中的智慧一样多”[1]。

拒绝痛苦，就错过了愉悦的机会

为了生存，疼痛是必需的；为了体验愉悦，疼痛也不可或缺。如果愉悦与疼痛紧密相连，一方减少，另一方也会随之缩减吗？如果不品尝疼痛，或不愿承担风险，那是否还能体验到愉悦呢？对此，尼采的回答相当果断：两者缺一不可。

如果愉悦和不悦被一根绳子拴到了一起，那么，希求其中一种感觉，就必须希求另一种感觉。也就是说，想要懂得“天堂般的喜乐”，便要做好“悲伤至死”的准备，也

1　《快乐的科学》，第四卷，第318节。

许是这样吧？

——《快乐的科学》，第一卷，第12节

所以，我们是有选择权的：要么选择尽量减少痛苦，但与此同时愉悦也会相应减少；要么选择接受增加“疼痛，作为代价，让此前从未品尝过的细腻愉悦与快乐愈加喷涌而出”[1]。

愉悦与疼痛，快乐与不幸，它们为何如此紧密相连？往小里说，每次愉悦都会导致潜在的疼痛。不顾一切地拥抱挚爱，意味着做好准备、迎接沉痛打击：深爱与失恋，二者形影不离。因此，所有幸福、愉悦，都可能引发它的反面。如果缩小生活体验的范围，拒绝与痛苦相遇，确保自己不会失望、受伤，不会被抛弃、被出卖，那么获得愉悦与幸福的可能性也会随之缩小。

往深里说，关键在于我们的感知力，在于我们体验愉悦或痛苦的能力。也许是因为我们感受愉悦的能力与感受痛苦的能力密切相关，也许它就是一种能力。所以，体验深切痛苦之后，才能品味到深厚幸福。从未遭受过任何痛

1　出处同上。

苦的人，也只能获得肤浅的喜悦。痛苦令我们更加深刻，向我们揭示内心，让我们对快乐更加敏感。经历过痛苦的人，他们的喜悦更加丰富多彩，更加包罗万象、耐人寻味、浩瀚无边。

上等人的幸福和不幸福程度总是并驾齐驱。

——《快乐的科学》，第四卷，第301节

因此，对痛苦的接受能力是个指标，不仅表明我们对幸福的接受能力，同时也表明我们作为人的价值水平。一方面，痛苦带给我们经验，让我们更加深刻，更加理解自己、理解生命，证明我们的感知力有多深厚。另一方面，承受痛苦的能力也是勇气乃至力量的标志。为了品尝更大的幸福，我们是否愿意放弃一点舒适？

愉悦与疼痛，同一枚硬币的两面

也许，疼痛不仅是愉悦的前提条件与必然后果，还是愉悦的组成部分。有疼痛的地方，同样有愉悦，这个道理不是只有受虐狂才懂：麻辣菜肴、悬疑电影、怪调音乐，都是如此。看似矛盾，但最强烈的愉悦感总是会带来最多的疼痛感，似乎疼痛能让愉悦程度升级。尼采给出一个假设：也许，愉悦只是特定节奏、特定往复、特定频率的疼痛。事实上，愉悦意味着紧张的神经得到放松。所以，在此之前必须先绷紧神经，这个过程中经常会掺杂一些疼痛。在发明滑雪缆车之前，人们必须承受爬坡的痛苦，才能享受飞速下降的愉悦。此外，还有一个更好的例子——性爱。

甚至有的时候，细微的不适刺激构成了某种有节奏的起伏变化，于是带来一种愉悦：权力感、愉悦感由此急速增长。例如，发痒难耐就是这种情况，交合时性欲难耐也是如此。可以看出，不适感成了愉悦的配料之一。似乎出现一个小阻碍，克服掉，立即又出现一个小阻碍，再克服掉——这抵抗与胜出之间的一来一回，不断挑逗着那即将满溢、无从释放的权力，而这正是愉悦的本质。

——遗稿，1888年，第14组，第173节

有时，性快感非常强烈，甚至难以将它与疼痛区分开。更确切地说，那种感觉如此之强，我们的身体几乎无法承受，不足以应对，因此这种愉悦才显得有如疼痛一般。也许痛苦就是高强度。那么，由于害怕疼痛，进而害怕愉悦，

便有了性冷淡。在这种情况下，能否体验愉悦同样也取决于能否承受疼痛。

有意义，才愿意受苦

在某些情况下，人会故意寻求痛苦。比如严苛的体育训练、辟谷等精神操练，还有大宝森节[1]上的印度教信众用箭、钩子穿刺肉体，在烧红的炭上行走，都堪称酷刑。在所有这些情况中，人之所以愿意受苦，是因为他以为从中看到了意义。所以，问题并不在于痛苦本身，而在于痛苦有何意义：无意义这种情形本身就会让人痛苦。

……然而他的问题并不在于痛苦本身，而在于对“为何痛苦”这类呼喊无从对答。人，这个最勇敢、最善于忍受痛苦的动物，从根本上并不否定痛苦：他希求痛苦，他找寻痛苦，前提是必须有人给他指明一种生存的意义，一种痛苦的目的。[2]

——《道德的谱系》，第三章，第28节

1 一个印度教节日。——编者注

2 中文摘自：尼采，《道德的谱系》，梁锡江译，华东师范大学出版社，2015。有改动。——译者注虚无主义认为生命并无意义，这种思潮并非新近现象，并不是因宗教或意识形态衰落而产生的。虚无主义其实是人类的“正常状态”，是人类原已罹患的病。动物凭借本能采取特定行动，因此不需要思考生命的总体目的，而人类的优势恰恰在于能够自主选择目的。可是，这优势也成了人类最大的弱点、最深的磨难。

他寻找天选目标，想通过大自然本意来决定自己何去何从。此时，当他发现行动无法改善现状时，就会感到失望，甚至绝望。又或者，他假想自己为更高原则服务，致力于普世事业。此时，当他发现并不存在值得委身相随的普适计划时，也会感到挫败。事实上，世界即变化，是永不停息的发展过程，它不会通往任何地方，不会止于任何终局，不会遵循任何既定秩序，否则它就会停止……变化。

无可奈何之下，便有了背后世界

于是，便开始了虚无主义的第三次幻化：发明出背后世界、想象中的彼岸。在那里，生命有意义，世界有组织。

现已知道两点，一是无法借由变化实现任何目标，二是瞬息万变之中不存在伟大一统，个体无法彻底藏身其中，无法藏身于最高价值的某个元素之中。于是，只剩下一条出路，即全面否认这个瞬息万变的世界，将其视为骗局，同时构想出另一个彼岸世界，并将其视为真实世界。

——遗稿，1887—1888年，第11组，第99节

形而上学与宗教都有背后世界，例如柏拉图哲学思想中的天国以及基督教中所谓的天堂。政治乌托邦则有未来世界，在那里，社会不分阶级，所有社会矛盾都已经得到解决，市场透明、自由、公平竞争，能保证所有人的无限富足。这些理想都不过是权宜之计，用来掩盖人在面对生命时本有的荒谬感。为什么必须营造不真实的世界才能让身处现实的我们获得慰藉？人们为什么会敬拜根本不存在的东西？是因为我们在现有事物中找不到意义吗？尼采是这样说的：

人宁愿愿望虚无，也不愿空无愿望。[1]

——《道德的谱系》，第三章，第28节

1　中文摘自：尼采，《道德的谱系》，梁锡江译，华东师范大学出版社，2022。——译者注

人类的真正疾患、虚无主义的真正原因，是意志的病。用当今更流行的话说，就是创意的病。事实上，为什么必须给生命找一个预先生产好、包装好、拿来即用的意义？为自己的生命赋予意义、找到自己的目标、组织自己的秩序，难道不正是人类角色应做的吗？

人到底能把事物的意义抛弃得多远，到底能在毫无意义的世界里坚持多久，这是个尺度，可以用来衡量意志力：因为人们亲自管理着这个世界的一小块。

——遗稿，1887年，第9组，第60节

前文已经讲过，怀疑论拒绝接受某个想法，拒绝为其辩护，这其实是软弱的信号。现在我们又看到，需要他人明确无误地安排好一切，这种行为看似与怀疑论恰恰相反，但也是软弱的信号。两者并不矛盾，归根结底，全都在于无法为自己创造意义并坚持下去。

狂热主义，意志薄弱者的迷药

由于意志薄弱，人们会相信最荒谬的无稽之谈，小到占星术，大到阴谋论；有时也会陷入恶毒操纵的迷雾，例如解释人类为何痛苦的“原罪”传说，或有着不可告人目的的《锡安长老会纪要》伪造文书。同样，任何令人愚钝的规训——劳役、战争、宗派对决，只要能够给出海市蜃楼般的意义、可以全身心投入的目标，人们就会主动受制，任凭摆布、欺凌、折磨。“存在”毫无意义，为了逃离这个事实，许多人愿意付出任何代价。

> 我曾经遇到过一些情况，一些年轻人家教很好，但一直以来不懂得如何为自己的生命赋予目标，最终消失在不堪言说的运动之中，只是因为这些运动能给他们设定目标……举个例子，有些人甚至成了反犹太主义者……
>
> ——遗稿，1888年，第22组，第11条

因此，狂热主义是怀疑论的孪生兄弟；它声称可以治疗摇摆不定，却暗中作恶、致人死命；面对生命本无意义这一事实，它是一种防御性反应，是意志薄弱的极端病症。狂热主义就像让人上瘾的药物，唯一的作用就是让我们忘记自己本有的摇摆不定。

实际上，只有狂热主义这一种“意志力”，是意志薄

弱者和摇摆不定者也能获得的。这狂热主义似乎令整个感性、知性体系催眠，单单让一种观视与感知方式营养过剩（细胞肥大），让它从此成为主宰——基督徒把它称为他们的信仰。

——《快乐的科学》，第五卷，第347节

我们能否为自己设定目标？能否开创属于我们自己的理想？能否为自己创造存在的意义？或者，我们如此软弱而顺从，只能等别人来安排，强制我们服从某个意义？

关键问题

1. 您为什么追求幸福？是因为想要逃脱太过熟悉、痛不欲生的现实吗？或者，您想探索某种未知状态或感觉？为了感受幸福状态，您愿意承受什么、牺牲什么？

2. 您如何看待幸福？它是毫无动荡、无聊、痛苦、折磨人的，或者是完满、激烈的，其间也有不幸的痕迹吗？

3. 面对可能来临的幸福或快乐，您是否曾因害怕其中潜藏的痛苦而选择了退却？之后您是否感到后悔？

4. 您是否曾故意伤害自己，为了痛苦而痛苦？您如何解释这一点？您是否需要痛苦来为生活赋予意义？

5. 您是否需要相信存在是有目的的，让这个目的来为您的行动赋予意义，为您指明方向？或者，您能否想象并无预设目的的生活，由您自己来构想每天的生活，甚至构想属于自己的目的？

6. 您是否需要归属感？是属于某个更大的秩

序，属于一个集体，还是由它决定您在生活中的准确位置？在这种情况下，您是否会觉得自己与他人正为共同利益而奋斗，感觉自己只是实现普适目标的一小环节？如果情况并非如此，如果并没有普世秩序，只有纷繁嘈杂的个体，您只是独身一人，必须为自己的生活赋予意义，这种想法是否会让您感到害怕？

7. 您是否曾经狂热追求想法、事业、爱情、信仰？这种狂热的动机是什么？是对目标的真正热情，还是逃离空虚，逃离近在眼前但又不愿承认的摇摆不定？

第二章

领悟的关键

戒除道德

权力意志，即生命视角

生命是否有意义？这个问题似乎既深刻又空洞、无用，只剩老生常谈。我们因它而苦恼、纠结，直到精疲力尽、深恶痛绝。有时我们会以为自己找到了答案，认为生命毫无意义，根本不值得去活。无处不在的痛苦，小我之外再无目标，这些都是明证。

生命是无法估量的

生命是否有意义？在回答这个问题之前，我们可以思考一下这个问题本身的意义。我们真的有资格问自己这个问题吗？事实上，"生命的意义"这个问题本身毫无意义：荒谬的不是生命，而是对其意义的拷问。事实上，如果想要确定某件事的意义或衡量其价值，就必须假定一个砝码，然后以它来衡量。但要去哪里找这个砝码？如果砝码在生命之内，那就意味着提前为生命假定了一个价值，因为砝码也是生命的一部分。所以，应该到生命之外去寻找这个砝码吗？但对我们来说，这又是不可能的：如果要去生命之外寻找，那么只有死了才能判断生命的价值。因此，尼采写道：

> 生命的价值不可估量。活人做不到，因为他是当事人，甚至是诉讼标的；死人更做不到，原因当然不同。
>
> ——《偶像的黄昏》，“苏格拉底的问题”，第2节

由于我们身处生命之中，因此回答“生命的价值”这个问题已经超出了我们的能力范围。我们只有从生命中脱离，才能对其进行判断。可我们又止不住地想要去估量它，为它赋予价值，有时高估，有时低估，试图诠释。就连质疑生命是否有意义的那些人，也在创造价值，一种负面价值。他们也在创造意义：他们宣称，没有意义就是生命的意义！

世界即混沌

没错，我们无法为世界找到一个包罗万象的意义。世界没有秩序，没有终极目的。但这并不是说世界没有价值或没有意义。从本质上说，世界即混沌。

> 恰恰相反，世界的总体特点是永世混沌，并不是缺少必然性，而是缺少秩序、组织、形式、美、智慧，以及我们的审美拟人观为其赋予的各种名词。用我们的理智来判断

的话，错失才是规律，例外并非秘密目的，整个八音盒奏着它的调子，永不停息，但是绝对无法称为旋律。

——《快乐的科学》，第三卷，第109节

尼采告诉我们，脱离生命视角描述现实这个想法难以实现。我们的每一字每一句都是一种拟人论。换句话说，我们为世界赋予了人的秉性，根据我们的需求和我们的价值观来描述世界。承认混沌，就意味着承认它的反面——秩序，我们以为能够在荒蛮现实中看到这秩序，经过精心栽培兴许能够把它建立起来。从这个角度来说，也许就连“混沌”这个词也是拟人论的。如果我们以中立态度看待现实中发生的事，看待人类世界、动植物界、无机世界乃至宇宙中发生的事，我们能观察到什么？我们会看到一股股水流在大地上凿出自己的路，经过数个世纪的滴水石穿，流得更加自由；我们会看到白蚁们数十年如一日地啃咬大树，直到百年橡树在那一天突然倒下；我们会看到蜘蛛织网，常春藤侵入墙体，企业收购竞争对手，猛兽吃掉自己的猎物，黑洞吞没行星，卫星受限于轨道……在这个大舞台上，各股力量互相对立、互相吞并，有时互相摧毁，有时互相联合，似乎没有秩序，也没有法则。

然而，构成这个世界的每一个元素、每一个人、每一个动植物，甚至每一个物品，都有其意义。每个元素的意义也都是一样的：成长、增多、扩散、强化、壮大。这个万物通用、不可避免的普适目标，尼采给它起了个名字——权力意志。可惜，它之所以出名，却是由于某些不光彩的原因。

但生命到底是什么？有关“生命”的概念，此时需要一个更加明确的新版本。为此，我的公式是这样的：生命即权力意志。

——遗稿，1885—1886年，第2组，第190节

不只是活着，生命还想要更多

生命并非只是生存意志。活着，才能有意志。这意志，为何会去希求已经拥有的？生命也并非只是生存斗争。任何生命体，都不会只满足于生存本身。如果满足于此，那么自然界将变得无比贫瘠。单单活着，无法让我们满足，我们还想要更多。只要观察一下公猫就能知道：每次打败对手，不仅能保卫自己的领土，还能将其扩大；可如果跑到离家过远的地方去打斗，必然惨败。或者，只要观察一下某些商人就能知道：他们白手起家，通过合法途径变成

百万富翁；之后，被非法行径诱惑，最终落得坐牢的下场。这些例子表明，生存根本不是我们的目标。为了获得权力，我们愿意置生存于不顾；为了纯粹假象中的利益，我们愿意牺牲它。事实上，我们只有在处于极端弱势的状况下，才会把生存当作目标。

权力意志可能会借助极端暴力来达到自己的目的，但它的手段并非只有暴力。最弱势的权力，也是最野蛮的权力。让人吃惊的是，权力意志的目的是毫无因由、不合逻辑的：不是生存，而是获得更多权力。生命本身既不节俭，也不算计，它把力量都用在了追求毫无节制的“越来越多”上。看看那些植物就知道了：长得过早过高，最终过快死亡。

与权力抗争，也是在构建自身权利

面对生命这场无尽的斗争，我们可以谴责它不道德；面对不停追求权力的过程，我们可以觉得它很荒谬。我们甚至可以认为，人的使命就是终结这场毫不理智的斗争，寻求内外平和，放弃权力。但是，与斗争进行斗争，这仍然是斗争。当我们谴责权力意志的时候，做出谴责这个动作的主体，其实就是我们自己的权利意志。当我们提高我们的权力，变成了“道德权威”“人类法官”“倾听并改善人类境遇的积极分子”的时候，权力意志也更满意了。在森林里隐居的苦行僧，其动力来自权力意志：他追求的是自给自足的权利和对肉体的主导权。拒绝政治实权游戏和经济交易的科学家，其动力来自权力意志：他追求的是用他的理解和他的理论征服自然。他利用自己的智慧，成为原子和行星轨道的主人，这比经营企业或政党更加伟大。

对于权力意志，应当鼓励，还是反对？这个问题毫无意义，其中的理由我们已经明白，但是无法逃脱。我们本身就是权力意志。准确地说，我们是意志的集合。它们在我们身上互相争夺实权。它们是我们的本能、我们的价值观、我们的冲动、我们的想法、我们的习惯，每一个都想成为主宰。如果想要战胜自己的权力意志，必须借助更为强大的、戴着面具的权力意志，就像道德家、哲学家或苦行僧的权力意志。

正是权力意志，促使我们服从

所以，即使是看上去与权力意志背道而驰的做法，本质上也是权力意志的写照，甚至是其极端写照。表面上，服从于某个权威这种行为与支配他人的意志水火不容。但是，通过服从，就可以融入支配者的权力，从某种意义上说寄生在他身上。然后，利用优于自己的这股力量，让更弱者臣服。

> 每当我看到生命的时候，就会发现权力意志；就算是在奴仆身上，我也发现了想要当主人的意志。
>
> 弱者之所以服侍强者，正是听从了他自己的意志，这意志想要成为更弱者的主人：他不愿放弃的，只是这当主人的愉悦。
>
> 较小者之所以任凭较大者摆布，正是为了面对更小者时拥有愉悦和权力：因此，就算是最大者，也会不顾一切，在追求权力时，把命都搭上。
>
> ——《查拉图斯特拉如是说》，第二部，“论自我超越”

军队中的每一名士兵、公司里的每一名管理人员，无论级别高低，都明白一点：借由彻底服从，就能获得绝对支配。表面上，牺牲这种行为违背了权力意志，但是为理念或志向牺牲自己，其实就是亲自充当这个理念或志向的权力化身。拥有大好未来的年轻人自愿充当人体炸弹，这种现象恐怕是任何自我保护理论都无法解释的。事实上，这些人在大街上、飞机上引爆自己，杀害数十人，就在死亡的那一刻，他们获得了生前从未体验过的权力。推崇牺牲的道德观念不只体现在殉难上，也会体现在更有节制、更加平和的形式上，例如刻苦工作、参加社会慈善事业、放弃遗产——正如哲学家维特根斯坦（Wittgenstein）所做的。尼采是这样描述的：

因为在你们热情献出自己和牺牲自己时，你们体验到的不是痛苦，而是一种让你们迷恋和狂喜的思想：现在，你们不再是你们自己，而成为你们为之献身的更有力量的神或人的存在的一部分；你们沉醉在他那因为你们的牺牲而再一次得到证明的权力感中。其实，你们只是表面上牺牲自己，实际上在思想中已经变身为神并体验着他的快乐。[1]

——《朝霞》，第四卷，第215节

生命的价值寓于权力之中

生命就是权力意志，既包括好的一面，也包括坏的一面。在这个前提下，如果生命有价值，那么这价值必然寓于生命运行之中，而生命的运行，就是权力。在尼采后期

1　中文摘自：尼采，《朝霞》，田立年译，华东师范大学出版社，2007。——译者注

著作《敌基督者》中，他以极为清晰的方式做出了总结：

什么是好？——能够激发人们权力感、权力意志、权力本身的，都是好。

什么是坏？——来自软弱的一切，都是坏。

什么是幸福？——感受到权力在增强、抗击力在提升。

——《敌基督者》，第2节

因此，生命并非没有价值。这价值不在生命之外，不在宇宙宏观秩序之中，也绝不是什么万众一心的目标，不是天意，不是万事万物背后深藏的意义。生命的价值寓于它本身的每一次行动、每一个姿态、每一场举动之中。换言之，生命的价值寓于我们所获得的权力水平、所体验的权力感之中。这样说，我们就懂了，痛苦和愉悦、不幸和幸福只不过是副现象、副作用。当克服抵抗、权力增强时，我们就会感到愉悦；当屈从外力、权力减弱时，我们就会感到痛苦。

权力意志是饱含创造力的慷慨

如果生命的内在价值是权力感，那么这纯粹机械、可量化的价值，多少有些荒谬。为什么要争先恐后地奔向“越来越多”？难道我们也像其他动物一样，仅受纯粹本能的驱使吗？将“越来越多”视为唯一目标，那就意味着忽视了权力意志的第二个方面：权力增强同样意味着有机协调、有序塑造，意味着在混沌世界中建立起某种秩序。换句话说，将自身的权力强加给事物，为它们赋予意义。

因此，权力意志并不是简单的野蛮行为。暴力和压迫，这两者一样，都是虚弱的症状，与实力无关。如果掌权者需要向臣民施压，就说明他本身不具备足够的合法权威，无法获得人们的服从。他压迫得越重，就变得愈加虚弱，他所摧毁的恰恰是自己的根基。只有本身缺乏权力，才想夺取或摧毁他人的权力。

相反，尼采所说的权力意志是指力量的满溢，人们需要将这股力量投射到自身以外，将这满溢传递给他人。在权力驱使下给予意义，其实就是奉献。作曲家指挥交响乐团时，奉献出他的作品、节奏、旋律。没有他，音乐家们就没有可演奏的谱子，也无法达成共识。指挥家之所以能够支配乐团，其基础恰恰在于他对乐团的奉献。企业老板之所以能够指挥他的员工，是因为他为集体订立了目标，如果没有他开办企业的意志，员工们可能就会失业。因此，尼采将权力意志称为“奉献的美德”。

支配欲：在这一需求的驱使下，高高在上者渴望在低处获得权力，可竟然有人管这种需求叫作有病？这样的渴望、这样的俯临，根本算不得有病，根本没什么扭曲！

愿孤高者不会永生独处、自娱自乐；愿高山俯临低谷，愿山巅的风吹向深渊。

——《查拉图斯特拉如是说》，“三件恶行”，第2节

真正的权力意志之所以现身，是为了把自己的一部分奉献给更低、更弱的一方。因此，指挥就是奉献，服从就是接收：权力意志更强的是创造者，而不是独裁者。

树立权力，就是创造意义

如果想要掌控一件事物，成为其主宰，我们首先要为它找到一种用途，为它绑定一种功能，依据我们的意志创造一种理解方式。权力意志一直都是对现实的诠释。

权力意志能够诠释：在机体形成过程中，权力意志即诠释，它限定、确定权力的程度和区别……事实上，诠释

这个行为本身就是主宰事物的一种手段。

——遗稿，1885年，第2组，第148条

诠释过程并不以人的心智为限。人体器官也是诠释的产物，根据身体需要排布细胞。同理，常春藤侵入墙体时，将这墙面诠释为获取阳光、发展自我的方式；清泉滴水石穿时，也在诠释岩石，为它赋予了新的意义，将它当作水落之塘。因此，我们不能将知识和行动、理论和实践分开：知识总是会依据生命视角自我积累。推动我们去了解某件事物的，永远是某种冲动、愿望、需要。所以，我们会留意事物的某些特征，忘记其他特征，放大某个细节，缩小其他细节。这就是为什么：

没有事实，只有诠释。

——遗稿，1887年，第7组，第60节

也许有人反对，认为在诠释这一行为的背后仍有现实，正是这现实构成了诠释的对象。但尼采认为，事实本身也是对其他事实的诠释。一切都会经过视觉和大脑构成的棱镜，一切都要经过大自然中每个元素意愿的塑造，才

能完成其发展之路。

一千零一篇现实

因此，世界绝非没有意义。恰恰相反，这是一个意义无穷的世界。如果每个生灵都从自己的角度诠释现实，那么就会有许多种诠释世界的方式，有的狭隘，有的开阔。因此，我们眼前是"全新的无限"：生命所产生的多样意义的深渊。

世界对我们来说几乎再次变得"无穷无尽"：面对世界本身充满无穷诠释这一可能性，我们已经无法拒绝了。

——《快乐的科学》，第5章，第374节

"真相并不存在""世界就是假的"，意识到这一点的确让人绝望。虚无主义者就是这样，普适真理的缺失让他们感到痛苦，陷入狭隘不能自拔。但是，这迷宫般交错纵横的繁多视角却让尼采看到了真正的希望。悲观主义或基督教虚无主义认为存在唯一的生命意义，但事实恰恰相反，根本没有这唯一的意义，我们也不是其囚徒。我们可以增强自己的权力，扩展生活视角，创造更高远、更丰富、更多姿多彩的全新意义。所以，查拉图斯特拉高喊“意志带来解放”：意志，即对意义的创造性诠释，从这个意义上说，它能够把我们从虚无主义中解放出来，让我们不再懒洋洋地等待永远不会到来的意义，不再低声哼唱“徒劳一场”。

关键问题

1. 您是否曾想过生命的意义？是什么促使您思考这个问题？在您看来，应当用什么来衡量生命的意义？拿什么当价值砝码？

2. 什么样的体验能够让您获得权力感？尝试描述一下这种感觉。是平静、安全、激动，还是沉醉？什么时刻您感到更有权力？掌控事物或他人的时候，还是掌控您自己的时候？

3. 当您必须下达命令、指导或领导他人的时候，您是否感到舒适？您是否觉得自己只是在使用甚至滥用权力？或者，下命令的时候，您会觉得自己在奉献、传递？如果您在掌权的时候感到不舒服，能否给自己定一条规则：把命令当作一份馈赠，向服从命令的人递出一份厚礼？

4. 同样，服从、接受命令的时候，您是否感到不舒服？有一些命令是真正的馈赠，能够帮助您成长壮大，另一些命令则只是专权的化身，您能否区分清楚？

5. 也许您反对以权制人、权力外露。埋头苦干、放弃、服从、无私，这些行为可谓权力的反面，但您是否也能从中看出权力意志的踪影？观察自己的行为和态度，您能否能看出自己想要巩固哪方面的权力？

6. 权力意志诠释世界：在某些领域，您的权力感尤为明显，它们如何影响您对事物价值的判断？您的权力感和无力感如何影响您的生命视角？

7. 您对世界的看法只是您自己的诠释、您自己的生命视角，基于您自己的需求、弱点、优点，您是否已经意识到这一点？您能否想象其他视角的存在，能否想象与您截然相反的视角？尝试猜测一下：那些距您最远、最敌对的世界观、价值观与理想，它们基于什么样的需求、优点、弱点？

道德观念如何令世界颠倒

在权力意志假设基础上，尼采设计出一种方法，并给它起名为“谱系”。他用这种方法来探索某种世界观的深层动机：哲学、道德、宗教、政治理想都是他的探索对象。我们已经知道，每一种价值取向都是一种视角，是根据特定需求对现实做出的一种诠释，是扩大并巩固自身权力的一种意志。因此，任何想法都牵涉利益关系，任何理论都有实践方面的考量，宣扬某种理论的人利用该理论来证明自身存在与生活方式具有合理性。

既然每种思想的背后都是生活，既然哲学、道德、宗教终归是为了保护某种生活方式，那为什么还会存在敌视生命的思想？为什么某些哲学或宗教还会向所有生灵宣战，向强化并丰富生命的一切宣战？为什么生命还会去否认生命？

我们在叔本华的悲观主义哲学中就曾遇到过这类问题。在他眼里，只有“否认生存意志”才能获得救赎。不过，否认生命这一情形，其最普遍、最致命的症状存在于各大宗教之中，尤其是那些崇拜死亡和仇恨的宗教。在尼采眼中，基督教就是如此。

热爱理想不过是憎恨真实而已

与凡世相比，人们为什么偏好虚无，也就是基督教所称的“上帝”或“彼岸”？与现实相比，人们为什么偏爱理想？尼采认为，基督教的特点在于，一面宣扬理想的虚空，另一面贬低真实的生活，这两者之间有着深层联系，必然同进同退。之所以树立理想，恰恰是为了报复现实。

> 这样的彼岸，不就是污蔑此岸的手段么？
>
> ——《偶像的黄昏》，“一个不合时宜者的漫游”，第34节

理想的构建总是以毁灭、妖魔化、诽谤现实为前提。其实很容易就能意识到，现实总是胜过理想，就算是最平凡的现实也非常有存在价值。仅出于这一原因，真实世界尽管有痛苦、悲剧、不公，但仍比基督教天堂或共产主义乌托邦有意思得多。这是因为，真实的人总是充满细节、惊喜、耐人寻味，远远胜过空洞抽象的概念。同样，即使最糟糕的罪犯、最无悬念的傻瓜，也比对“好人”“完美者”的想象、幻想中的人更有价值。

证明人之存在合理性的，是他的真实性——这一点能够永远证明其存在合理性。与任何一个希冀中的、梦境里的、歪曲的、捏造的人相比，这个真实之人的价值高了多少？与任何一个理想之人相比呢？……只有理想之人才不

合哲学家的胃口。

——《偶像的黄昏》,“一个不合时宜者的漫游”,第32节

崇高的道德观念颂扬生命，而非谴责

难道所有价值观都只是否认现实的一种方式吗？难道所有道德观念都会审判真实存在的一切吗？尼采认为，有一种更加纯正的道德，它对待现实的态度并不是抹黑，而是颂扬。这种道德观念不会谴责人类的缺点，而是弘扬一切优秀之处，赞美生命令人沉醉、高尚精彩的地方。

尼采将其称为“贵族道德”或“主人道德”，其第一个特点在于不以评价他人作为出发点。遵循这种道德观念的人，努力发掘自己身上值得赞美的地方，守护自己的幸福、天赋、美貌、智慧或勇气。因此，这种贵族道德的第一个评判标准在于自己是否满意、是否感激生命、每个人能否由衷高呼:“我们是高尚的，我们是善良的、美丽的、快乐的！”

这是一种主动、肯定、积极的道德，首要做法是对生命的肯定。之后，在欣赏自身幸福的基础上，推断得出“坏”这个概念，将其视为与当前生活水平不相符的事物，也就是所有的不幸、软弱、粗俗、半途而废。在贵族眼里，穷人或奴隶就是如此。贵族道德所谓的“坏”，并没有沾染

仇恨，大多是蔑视，有时带些怜悯，更多时候则是尼采所说的“远观的悲恸”：“好”并不想与“坏”做斗争，也不想摧毁它，只要保持距离就好了。在这种道德观念看来，初步评判时应当使用积极的词汇，而消极的词汇只是前者的影子、回声，毫无重要性可言。应当由“好”决定“坏”，而不是颠倒过来。

当只能借由谴责他人而找到自身价值时

犹太一基督教的道德观念，其基础并非肯定生命，而是否认生命。为什么会发展成这样？尼采称其为“奴隶道德”，这种道德观念中的每一条都是对主人道德的颠倒。

一切崇高道德都产生于凯旋般地对自己说“是”，而奴隶道德从一开始就对“外人”“他人”“非我”说“否”：这个“否”就是奴隶道德的创造性行为。它是鉴赏者视角的颠倒，必须将矛头指向外人，而不是指向自己，这样的行为恰恰属于怨恨：奴隶道德在形成时，总是需要一个外部世界、一个对立的世界，从生理学角度来说，它需要外部刺激才能动起来；从根本上说，奴隶道德的行为都是反动的。

——《道德的谱系》，第一章，第10节

当然，尼采并不想怀疑受压迫者的艰难处境，也不想为主人的残暴与自私辩护。如果奴隶们懂得如何自我保护并摆脱奴役，这当然再好不过。但是，我们必须留意他们的小伎俩，注意到他们在讲述失败原因时如何自欺欺人。他们在构建自己的道德观念时，将贵族道德进行了系统性逆转。因此，奴隶道德是纯粹反动的道德。它所创建的价值观，只不过是贵族价值观的否定。奴隶道德中的积极价值（即人们眼中美好或优秀的事物）并不具有原创性质；其原创初始部分是消极的（即人们眼中丑陋或邪恶的事物）。因此，这种道德来自否定与反对。

尼采认为，由此可以看到基督教价值观的起源：它系统性否认贵族道德，否认生命力的价值。贵族眼中的“坏”，在基督教中都变成了“好”。软弱变成功绩，无能变成善良，恐惧变成谦卑，胆小变成耐心，复仇变成正义……甚至连奴隶对主人的仇恨（当然，的确该恨）最终也被变成了“爱”。

实际上，这种道德逆转对奴隶本身处境而言并无多大益处。尤其在最开始的时候，它只会让奴隶们在软弱中自我陶醉。此外，这样的价值观并非发自内心，与生命潜在价值的任何具体体验之间毫无关系。它只是衍生品，只是对最初主人价值观的反动与逆转。事实上，它只是毫无现实根据的价值观。

不要因无可奈何而选择自己的价值观

奴隶道德并非源于“是”，而是源于“否”。奴隶们从来不会直截了当地说“是”，而只是以含糊其辞、遮遮掩掩的方式说“否”。从许多方面来说，我们都继承了基督教的这种评判方式。当我们对某件事说“是”的时候，是否真的代表我们对这件事的重视？我们的“是”是否总是指向我们喜欢的东西？或者只是以隐蔽的方式在对我们讨厌的东西说“否”？例如，我们之所以喜欢另类摇滚，真的是因为这种音乐形式为我们带来了快乐，还是因为我们对常见音乐品类和商业低水准感到不满？我们保护穷人和受压迫者，是因为我们关心他们的疾苦？或者只是一个方便的借口，真正目的在于反对我们所生活的富裕社会？

为此，尼采提出了关键主张：创造一种基于肯定的道德观念，它应当源于对美的肯定，而不是源于对丑的否定（下文将会谈到，在某种程度上同样应当对丑说“是”）。

关键问题

1. 回想您在政治、社会、艺术领域的见解与观念。您如何利用这些见解来证明自己生活与存在方式的合理性？就算某个见解与您的个人生活毫无关系，您能看出来吗?

2. 您是否培养、热爱、服从某个理想，无论是政治、社会、宗教或情感理想？问问自己：您的理想与现实之间，到底有什么关系？理想在帮您更好地接受现实，还是否定现实？您是否在通过理想来证明现实的合理性，还是通过它来逃避现实，或者报复现实?

3. 您如何说“是”和“否”？当您对家庭、社会、工作职责说“是”的时候，是因为您真的认可它，还是因为这只是一种掩人耳目的方法，表达了您对另一种行为的否定？当您拒绝晚餐邀请、社交活动的时候，是因为您想要做其他事吗？占主导地位的是对另一件事的肯定，还是拒绝的意愿?

4. 如何建立您的个人偏好，您的“价值体系表”？是从最有热情的事开始，然后是无关痛痒的，最后才是那些让您不爽或不舒服的吗？或者，从那些让您恶心厌恶的开始，通过简单的翻转推导出您最珍惜的事物？试一下，这样您就能知道自己的价值观是主动的还是被动的。

5. 如果您的价值观是被动的，能否尝试扭转这些价值观，恢复它们本应有的方向？尝试回想您的经历，哪些给您帮助最多，也就是说，哪些能够增加您的权力感？把这些经历放在您的价值体系表首位，从最强的体验逐渐往下排，直到最弱的体验，最后是那些让您感到不舒服、不知如何是好、疲于应对的事。这样，您就能得到一张新的价值体系表，来自对生命的肯定，而不是否定。

道德的毒药：怨恨与内疚

这奴隶患的病，这道德、形而上学、宗教构建的基础，它的名字是怨恨。怎样定义怨恨？这种情感下的人们会觉得，如果我受苦，那另一个人必须对此负责。有时，这样的归罪毫无道理：由于并不知道自己痛苦的原因，我便指控第一个靠近我的人，把他视为我不幸的罪魁祸首。另一些时候，我正确找到了痛苦的原因，但是不公平的感觉啃噬着我，超越了最初的痛苦，以至于痛苦到无以复加。事实上，刚找到罪魁祸首的时候，人们可能觉得痛苦减轻了；但不久之后，被人加害的感觉会变成彻头彻尾的病。于是，这种被人欺凌的感觉、这种被害妄想综合征、这撒在伤口上的盐，就会让本来能够自行消退的原初痛苦永远持续下去。如尼采所说，真正的健康并不在于没有疾病，而在于拥有抗击疾病的健康防御系统。这样看来，怨恨则是一种病态反应，它将暂时的痛苦变成了慢性疾病、真正的坏疽。

找到罪魁祸首

在第一章中我们已经看到，人绝望的原因并不在于痛苦，而在于不明白为何痛苦，于是自然产生怨恨。这是人对荒谬与痛苦的自发反应。尼采承认，自己就曾是这种疾病的受害者。在长期患病的过程中，他参透了这一机制的运行原理。

> 恼火、病态的敏感、无力报复、对报复的渴求、各种意义上的毒害身心——对于精疲力尽的人来说，这真是最有害的反应方式。……对病人来说，怨恨是他心中的大忌——他的大敌，可惜也是他极自然的倾向。
>
> ——《瞧，这个人》，“我为何如此有智慧”，第6节

指控他人、以他人过错解释自身痛苦，这种病态需求让我们每个人都面临着痛苦加重的危险。读主流报纸时就能注意到，怨恨的影响遍及社会各个阶层：自由职业者对吃官俸的公务员心怀怨恨，公务员对挣钱更多的私营部门心怀怨恨，儿童对导致自己纠结拧巴的父母心怀怨恨，父母对偷走自己人生青春的孩子心怀怨恨。最经典的当属穷人对富人的怨恨：前者把自己的苦难归罪于后者；但反面情形同样存在，也就是既得利益者对弱势群体的可怕怨恨。意大利“北方联盟”政党指责南方贫困省份窃取了北方富裕省份的财富就属于此类情形。事实上，即使是最有特权的人，也无法避免生活中的苦恼，而天性则会促使我们把痛苦归罪于第一个靠近我们的人。

原因在于，受苦的人总是会本能地寻找痛苦的原因；确切地说，寻找始作俑者，寻找一个有罪的始作俑者，一个能够感受到痛苦的人——总之，找一个活人，任何人，找任何接口，把自己的或真实或假想的不满发泄到这个人身上。……“如果我不舒服，肯定是别人的错”——所有病人都会这样推理，正是因为他们这样推理，所以才会看不见自己不舒服的真正原因、生理原因。

——《道德的谱系》，第三章，第15节

怨恨的啃噬

因此，怨恨是报复的一种形式，但这种报复仅存在于想象之中，由于无法外化，会反过来转向自己。我们如果在羞辱、欺凌发生的当下能够做出反应，那么就不会启动怨恨机制：我们能够免受怨恨的攻击，不会让它在心里结痂、久驻。

起意报复并实施报复犹如突发高烧，热度只是暂时的。有报复的念头而无实施报复的力量和勇气，这就好像是患上了慢性病，身心长期中毒。[1]

——《人性的，太人性的》，第一部，第2章，第60节

心怀怨恨的人把报复行为内化，既是受害者，也是刽子手。在这恶性循环中，他的痛苦只会越来越重：越是受苦，越想复仇，复仇在心里堵得越久，痛苦和仇恨也就越深。由此可见，仇恨这种情绪来自无能。任何有足够力量

1 中文摘自：尼采，《人性的，太人性的》（上），魏育青译，华东师范大学出版社，2008。——译者注

自卫、足够勇气反击冒犯行为的人，都不会遇到仇恨缓慢发酵的情形。这仇恨成了反噬自我的暴力，而这暴力，由于没有出路，呈几何级数增长。尼采指出：“世界历史上恨得最深的人绝对都是牧师。”[1]神职人员正是因为无能，才让仇恨发酵——说教与祈祷，连同其中的夸饰倾向和着魔般的重复，都是酝酿仇恨的好方法，最终让它可怕得无以复加。

难以忘怀

为了避免这种逐步升级的自我摧毁，其实有一种简单的方法——遗忘。既然遗忘才是最佳方式，能够确保过去的伤害不会继续毒害现在、污染未来，那么为什么我们还是无法忘记别人对自己犯的错呢？我们所处的文化讴歌纪念，重视“记忆的责任”，相信回忆具有疗愈效果，因此主动遗忘在我们眼里必是软弱的标志。相反，对尼采而言，遗忘痛苦经历的能力对灵魂健康而言至关重要。面对怨恨的毒瘤，这项保护措施必不可少。懂得遗忘，才能消化过往经历，继续前进，为新的体验创造空间，不再永不停息

---

1 《道德的谱系》，第一章，第7节。

地死磕问题与痛苦记忆。

不能完成一项体验，这本身就是衰落的迹象。重新打开旧伤口，沉浸在自我否定与忏悔之中，这是一种额外的病。得了这种病，就无法获得“灵魂的救赎”，每次都会产生同一种病的其他病理形态。

——遗稿，1888年，第14组，第155节

自由意志证明了怨恨的合理性

因此，怨恨的起因是两种基本的病理形态：无力反抗，无法遗忘。但是，怨恨的登峰造极，却是借助了形而上的伪造。单凭“某个人冒犯了我们”这件事，无法说明他有罪：可能是事故、意外、不可抗力。但此时我们会说服自己、告诉自己，是他故意伤害我们，是他主动选择冒犯我们，如果他心怀善意，就不会允许自己这样对待我们。尼采认为，这就是自由意志概念的起源。对任何道德观念而言，这个概念都是至关重要的。正是它，导致价值观的逆转与犹太—基督教道德的成功。如果没有自由意志这个概念，就不会有罪人被长久当作发泄对象，就不会有怨恨。正是为了惩罚与报复，人们才想象出“人在道德选择上拥

有自由”这种观点。

我们如今再也不同情“自由意志”这个概念了：我们太清楚它是什么了——它是世间最丑恶神学家的手腕，目的是让全人类按照他们的想法“负责”，也就是说，让人类依赖他们。……但凡有人问责，驱使他的通常都是想要惩罚、审判的本能。每次都把这样或那样的行为与意志、意图、负责任的态度联系到一起，于是我们眼中千变万化的世界不再无辜：从根本上说，正是为了惩罚，正是因为想要找到罪人，才发明了意志这种说法。

——《偶像的黄昏》，“四大谬误”，第7节

我们相信，自由意志的存在是行动自由的前提。其实并非如此：自由意志这个想法纯属虚构，它的目的是对人进行评判、惩罚、约束。这种假设认为，既然一切都只取决于当事人的意志，那么人们不但必须采取另一种方式，而且也的确有能力这样做。于是，自由意志这个想法变成了最有效的控制和统治工具。强迫个体变得和大家一样的时候，只需要告诉当事人，一切只取决于他本人。换句话说，在这种假设下，必须由当事人之外的他人来主宰个体行

为，否则，当事人的特立独行就会导致自己成为罪人。例如，就在不久前，人们还试图说服同性恋，认为“正常”性取向仅取决于他们的本人意愿。

但是，尼采证明了自由意志完全是一个虚假概念。它假定一种行为与行为主体可以分开。但这是不可能的，我们的行动、行为必然是我们本身的一部分。“闪电击中”这个现象是一件事，无法一分为二。在“雷击”这个现象中，既有云地闪电这一形式，也有被雷劈这一后果，无法一分为二。如果出现云地闪电，就说明必然有东西被雷劈；如果有东西被雷劈，那必然能看到云地闪电。被雷劈与云地闪电其实是一回事，被闪电击中与天空中出现闪电其实也是一件事。同样，任何力量都有外在表现，任何力量都不会选择虚弱或无能，力量与力量的表现其实是一回事。

因此，羔羊指责猛禽袭击它的时候，它其实很清楚，猛禽的天性就是攻击羔羊，它们的暴力并非自己的选择，它们并非罪人。但是，羔羊为了证明自己的怨恨有道理，它会说猛禽有自由意志，是猛禽自己选择了去当猛禽，而不去当羔羊。

当人们把软弱当作功绩时

如果只是归咎于他人，那怨恨就太痛苦了：为了挽救荣誉，还必须为自己安排一项功绩。不仅猛禽错在身为猛禽，而且羔羊的功绩在身为羔羊，在于它没有出现捕食者的行为。力量错在强大，而软弱自诩其软弱是选择、纪律、对力量的克制，其实这力量，它根本不具备。

白由意志认为，软弱的原因在于不去选择强大，这样的主张本身就是谎言。可以看出，自由意志的谎言引致一种极为精妙的复仇思路。这种复仇不仅判定获胜方有罪，同时也臆想出自身的优势，将自己的失败归结于高尚道德、美德、纯洁的体现。事实上，这种复仇令弱者更加软弱，让他们相信自己的软弱其实是伟大的功绩。作为扭曲神化的大作，玛窦福音中“登山宝训”一段是这种复仇的最佳例证。

> 神贫的人是有福的，因为天国是他们的。
>
> 哀恸的人是有福的，因为他们要受安慰。
>
> 温良的人是有福的，因为他们要承受土地。
>
> 饥渴慕义的人是有福的，因为他们要得饱饫。

怜悯人的人是有福的，因为他们要受怜悯。

心里洁净的人是有福的，因为他们要看见天主。

缔造和平的人是有福的，因为他们要称为天主的子女。

为义而受迫害的人是有福的，因为天国是他们的。[1]

——玛窦福音，5:3-10

可以看到，这一段鼓励贫穷的人变得更加贫穷，让哀恸的人继续哀恸，让受迫害的人继续卑躬屈膝；与此同时，还用“天国”的承诺作为承受苦难的嘉奖。于是，此岸的软弱变成彼岸的力量，此岸的苦难变成彼岸的享乐，痛苦的人在那个并不存在的世界将会获得幸福，因此今生必须继续受苦。这是在邀请软弱的人深陷怨恨，继续任人宰割。

于是，怨恨向道德、形而上、宗教寻求帮助，在理想层面上为现实中的失败复仇。

内疚，即转向自我的暴力

怨恨情绪将暴力内化。我们没有直接报复冒犯我们的人，而是在头脑中不断重复这种报复。但是，内疚比这还

1　中文摘自：《圣经》，中国天主教主教团，2009。——译者注

要可怕。什么是内疚？内疚就是把暴力以及人类天生的残忍逆转朝向自己。怨恨的时候，人们不惜一切代价想要找到导致自己痛苦的元凶；内疚的时候，人们却以对待元凶的态度对待自己。怨恨的时候，人们遏制住暴力，将其内化；内疚的时候，人们用这内化的暴力来折磨自己。

内疚无疑是所有社会生活的一种固有现象。一个健康的社会要求人们不能将内心暴力向他人发泄，于是别无选择的人们只能把这暴力转向自己。这就是“笼中人”的病理现象。

由于缺少外在的敌人和反抗，而且自己也被束缚在习俗那一片压抑的狭窄空间和规矩律条中，人开始不耐烦地摧残自己、迫害自己、啃噬自己、吓唬自己、虐待自己，就好像一只人们希望“驯服”的野兽，猛烈撞击着笼子栏杆，把自己撞得遍体鳞伤。这个一无所有的家伙，这个因怀念自己的荒漠家园而备受折磨的家伙，他必须在自己身上创造出冒险和刑房，创造出一片动荡不安且危机四伏的荒野——于是，这个傻瓜，这个充满渴望和绝望的囚徒发明了“内疚”。然而，内疚也带来了最严重、最可怕的疾病，人类至今仍未痊愈，这就是人因为他人而痛苦，人因为自己而痛苦：这是粗暴地与野兽的过去决裂的结果。[1]

——《道德的谱系》，第二章，第16节

笼中的动物会受苦，社会中的人也会受苦，这点并不令人惊讶。但是，这些感到被囚禁起来的人，他们可能会将怨恨的暴力转向那些关押他们的人。因此，必须让他们变得温和无害，这一点十分重要。必须发明“罪恶”这个概念，让受苦的人相信他们就是自己痛苦的根源。

“我在受苦：这一定是某个人的过错。”——每只病羊都这么想。但是，他的牧人，那位苦行的牧师，却对他说：“啊，是的，我的羊！的确是某个人的错，但这‘某个人’，就是你自己呀——就是你自己的错，你一个人的错，你自己对自己犯了错。”这是怎样的胆大包天，怎样的大错特错啊！但是至少获得了一个效果，就是我刚才说的，怨恨的方向……变了。

——《道德的谱系》，第三章，第15节

1 中文摘自：尼采，《道德的谱系》，梁锡江译，华东师范大学出版社，2022。其中将“良知谴责”改为“内疚”。——译者注内疚是牧师的实用武器，可以扩散并加剧所有人的痛苦。于是，他们凭借救赎与对最后审判的保证，让自己变得更加不可或缺。牧师想要卖出药物，就要让信徒受苦。

因自身幸福而感觉有罪

把不幸者的苦难归咎于他们自身，仅仅这样做是不够的，还要让那些幸福的人受苦，让他们相信感到幸福是一桩罪。这就是广泛报复最终极、最优雅、最精妙的胜利。

……他们究竟什么时候才能达到最精彩、最崇高的终极凯旋呢？毫无疑问，当他们把自己的痛苦、所有的痛苦都种到了幸福者的意识里，他们就胜利了：他们的目的就是让幸福者为自己的幸福感到羞耻，也许还要让他们互相说："幸福是一种耻辱！世上的苦难太多了！"……但是，如果幸福的人、成功的人、身心强大的人都开始怀疑自己是否有权幸福，那真是天大的误解。

——《道德的谱系》，第三章，第14节

某些极端主义是说教型怨恨的一种当代形式，而因自身幸福感到耻辱的，恰恰就是我们这些娇生惯养的西方人。当前的繁荣的确可能来自过去殖民时代的罪行以及对自然的无耻利用。但是，能否因为我们的权力与我们的繁荣而判定我们有罪？是否应当剥夺我们的“幸福权”？面对极端伊斯兰主义的怨恨，便有了极端环保主义的内疚。我们时代的这两大极权主义意识形态，作为道德恐怖主义的最后两个化身，有一个共同点：强大、繁荣的社会必然因自身权力而有罪，幸福的人必然因自身幸福而有罪。

无处可逃：人必须因某些事情而有罪，无论是幸福，还是不幸。必然有“原罪”，无论是在唯一神面前，还是在自然神面前。无论是“拯救自己的灵魂”还是“拯救地球”，这些都不重要，重要的是，必须拯救点什么……当然，如果环境保护的驱动力来自对大自然的真实热爱，那么它自然是积极的道德。可大多数时候，它是纯粹反动的。环境保护只是个借口，用来掩盖自己对人类和当前社会的仇恨。只要听听环保红人的讲话就能意识到，他们只是在重复利用最古老的道德说教话术：指责人们“自私”“不管不顾”“享乐主义”，指责人们只顾当下的享受，不考虑地球的未来，总有一天会受到环境灾难的惩罚。

重获清白

比起这所有的痛苦、所有的暴力、所有的不公正，“惩罚”“有罪”“责任”这些想法对人类生命的毒害更大。如果不指责自己，转而指责他人是自己痛苦的罪魁祸首，那这其实就是在指责生命本身是人类境遇中所有苦难的罪魁祸首。

有能力并愿意帮助他人者，请伸出你们的手，因为有一件工作等着你们：清除蔓延整个世界的惩罚观念！没有比这更有害的杂草了！它不仅毒化了人类行动的后果——把原因与结果看作原因和惩罚就够让理性恶心和毛骨悚然的了！而且这种通过惩罚观念进行解释的无耻方法，也剥夺了事件的单纯偶然发生和无邪的特点。人们甚至疯狂地要求将生存本身看作一种惩罚——迄今为止支配人类教育的都是狱吏和刽子手的幻想！[1]

——《朝霞》，第一卷，第13节

因此，我们必须跟随尼采，洗清整片大地被强加的罪责怀疑，解除人们因罪恶和责任思想而遭受的诽谤，让人

1 中文摘自：尼采，《朝霞》，田立年译，华东师范大学出版社，2007。有改动。——译者注

类重获清白，不再因生而为人及自身遭遇而负罪。我们天生的模样，与我们的亲人或社会大多数人不一样的地方，并不是我们的责任。做自己，以自己的方式做事，既不能说是功绩，也不能说是罪责。当然，我们可以接受命运安排，尽最大努力。要做到这一点，我们必须摆脱责任的迷雾、道德的空气污染、怨恨和内疚的毒害。

清扫来自人类、社会、道德的一切枷锁，直到能够像孩子一样跳舞欢腾。

——遗稿，1880年，第8组，第76条

道德滥用了我们天性中最糟糕的部分，夺走了我们的清白。它以过错、罪恶、责任、惩罚的条框来解释真实世界，丑化现实，掩盖了“生成”与“存在”本有的清白。为了重获新生、重新找回生命本能，我们必须敢于“违抗道德”，即找到属于自己的、独特的、个人的道德。

关键问题

1. 您为自己的不幸寻找解释的时候，是否会指责某人或某事？找到“罪魁祸首”的感觉能否让您放松？或者您已经意识到，这种在想象中享受复仇快感的行为非常扭曲，最终会把您吞噬，把您毁得更加彻底吗？

2. 面对攻击或冒犯，您能否立刻回击，避免之后受到怨恨与复仇欲望的深深折磨？您能否使用轻松且无害的方式当场“报复”，或者用幽默来保护自己？这样，就不会受到怨恨情绪的反复困扰，能够避免更加恶毒、向内、持久的报复。

3. 您是否认为遗忘是弱点？忘记痛苦事件是逃避现实的可耻方式吗？或者，您认为遗忘是一剂强力解药，能够消除破坏性怨恨，是一种天然防御手段，可以避免记忆受到毒害？

4. 您是否需要为失败、缺点、弱点找个理由，把它们归结为功绩，将它们视为自由且有意识的选择，将放弃、谦逊、内心折磨当作偏好？或者，恰恰相反，您能够承认并面对这些失败——既没有罪责感，也没有自欺欺人的自负？

5. 您是否认为痛苦是一种惩罚，对您可能还未意识到的某种深层罪责、过失、罪恶的公正惩罚？或者，您能否将痛苦视作生命中一个不可避免的方面、一种必不可少的成分，甚至可能对您的生存有益？您是否注意到，如果不把自己当作痛苦的罪魁祸首，痛苦本身就会大大减弱？

6. 您是否因快乐而感到羞耻？您是否有这样的想法：面对世界上的所有苦难，幸福是件不体面的事，如果您获得幸福，那一定是有罪的？也许，幸福不会带来罪恶感，不幸的责任也不在您本身，您能否这样想呢？

走出群体，创立属于自己的道德

道德有一项功能，对社会非常有用：它能驯化并驯服个体，将一群野兽变成温顺的牧群。原来的兽群领袖摇身变成牧人，以“强者”身份用“弱者”价值观来管理牧群，其原因显而易见[1]。在人类历史上，驯化过程总是涉及故意削弱这一环节。为了让个体变得束手无策、任人摆布，必须削弱他、阉割他、让他病得更重。而为了痊愈，个人必须

1 遗稿，1888年，第15组，第78节。

从集体道德中解脱出来，找到属于自己的道德。重新找回自己的独特之处则是必经之路。

道德的起源，不是爱邻人，而是怕邻人

尼采认为，各式道德的巩固基础，不是爱邻人，而是怕邻人[1]。如今，随着“政治正确”这个概念的出现，因畏惧而起的道德已经达到无以复加的地步，变成对他人的由衷恐惧。我们害怕“小青年”，怕他抢我们的包；我们害怕“大胡子”，怕他是恐怖分子；我们害怕路人，因为他在火车上打电话声音太大；我们害怕吸烟的人，怕他四散的烟圈让我们咳嗽；我们害怕搭讪的人，怕他只把我们当作“性欲对象”；我们害怕老板，怕他骚扰；我们害怕摄影师，怕他侵犯我们的肖像权；我们害怕邻居，怕他高潮时的尖叫；我们害怕种族歧视或仇视同性恋的人，怕他冒犯的言语伤害我们的自尊……这单子很长，而且与日俱增。如今，安全统计数据已经将肢体暴力和语言暴力归为一类。由此可以看出，我们对他人的恐惧已经蔓延到如此程度，甚至将人与人之间的任何交流都视为暴力。

---

1 《善恶的彼岸》，第5章，第201节。

个体，道德说教群体的头号大敌

任何不符合常规，可能破坏其信仰、习惯、凝聚力的东西，都会让人类群体本能地感到害怕。这群体不仅要压制“绵羊”的潜在暴力，还要压制各式离心力，避免某个成员特立独行。于是，个体变成了道德的头号大敌。

个体在道德的指示下，要成为群体的一项职能，且仅将这一职能视为自身价值之所在。

——《快乐的科学》，第三卷，第116节

我们可以感受到，个体被缩略成群体的一项职能、一种工具，这真是最可怕的压迫。事实上，群体将一切新事物当作威胁——“无论如何，新的总是恶的[1]”，并且总是把创造者当作罪犯。

瞧这些善人和义人！他们最恨什么人？是把他们的价值之石版打碎的人，那个破坏者，那个犯罪者——不过，

1　《快乐的科学》，第四卷，第376节。

他却是创造者。[1]

——《查拉图斯特拉如是说》，第一部，前言，第9节

另一方面，被缩略为群体中的某项职能，如此想法其实也能让我们安心。这是因为，如果只把自己当作机器中的一个齿轮、有机体中的一个器官，这目标也聊胜于无吧。于是，道德对个性的阉割，不仅对管理群体的牧人有利，也对那些因慌乱不堪而更愿当绵羊的个体有利。[2]

除了“怕邻人”之外，道德还有另一个起源，即“怕自己”。躲在道德原则的背后，那可再安逸不过，这样就不必面对自己的欲望了。盲目履行道德、社会、职业义务，那也再安逸不过，这样就不必去寻找自己的路了。因此，任何道德的背后，都是一种懒惰：道德提供预制的行动模式、即插即用的目标和价值观，可以套用在每一个人身上，对于那些不想花费力气拷问自身目标的人来说，真是理想的避难所。

1 中文摘自：尼采，《查拉图斯特拉如是说》，钱春绮译，东方出版中心，2021。——译者注

2 《快乐的科学》，第三卷，第119节。

同情的面具

同情也可以变成一种“散心”的方法，避免直面自己的焦虑。它基于一种幻觉，幻想他人受苦的原因必然与我们一样。尼采认为，怜悯之情非但没有减轻他人的痛苦，反而在此之上增加了一种模拟之苦。有一种更好的做法，即把自己的快乐当成“榜样”，展示给苦难者，希望这份快乐能够感染他。我们应当学会共同快乐，而不是共同悲伤。事实上，我们根本不了解他人痛苦的原因，也不知道他从痛苦中到底能够找到怎样的意义或好处。

我们最深切、最个人的痛苦，他人完全无法理解或感同身受。因此，我们不告诉邻人，也不告诉同吃一锅饭的人。可是，如果别人留意到我们在受苦，他又会平淡地诠释我们的痛苦。同情的本质就在于无视他人痛苦中的任何个人成分——在贬低我们的价值与意志方面，我们的“施主”比敌人更甚。

——《快乐的科学》，第四卷，第338节

焦虑时，最怕的就是他人的同情，这同情有如入侵，把对方当孩子看待，这样的时刻怕是谁都经历过。自尊心想要独自战胜痛苦，不想被他人剥夺机会。事实上，怜悯中总是带着蔑视，认为对方太过软弱，没有能力独自与不幸做斗争。利他主义和仁慈盛行的社会简直是灾难，不仅要避免错把无用当有益，还要驱赶他人强加的好意。在这样一个社会里，“我们岂不是一看到‘邻人’的影子就要跑掉吗？”[1]

先自救，再救人

如果同情是出于对他人痛苦的真实理解，那将会有所不同：

你也将会去帮助别人：不过，只有那些与你有着同样希望的人——你的朋友，你能完全了解其痛苦，才帮得了他们，而且你只能以帮助自己的方式去帮助他们。我想让他们变得更勇敢、更坚忍、更直爽、更开心！我要教给他们如今没几个人懂的那样东西，也就是宣传怜悯的人最不懂的那样东西：共同快乐！

——《快乐的科学》，第四卷，第338节

1　《朝霞》，第二卷，143。
中文摘自：尼采，《朝霞》，田立年译，华东师范大学出版社，2007。——译者注如果不了解他人的具体情况，就无法提供帮助。不过，如果认为他人的幸福方式必须与我们相同，否则就是不幸，那么这样的同情则令人作呕。如此看来，我们只能理解与自己相似的人、与自己分担同种痛苦的人。于是，如果我们想帮助别人，就必须帮助自己，而帮助自己的唯一方式就是理解自己。

道德认为自己是自私自利的天敌，但道德所禁止的是自私自利行为吗？或者，它禁止的是与众人不同的行事方式吗？尼采认为，任何道德为了捍卫群体利益都不惜使用残忍手段，因此表现出极度的自私自利。舍己为人这种观念要求每个人为他人福祉做出牺牲，其实假设了这个“他人”自私至极。要求他人想着我们的利益，要求他人为我们的福祉而牺牲自己，这难道不是非常自私的行为吗？

“邻人”赞美舍己为人，是因为他从中得到了好处！假若这位邻人认为自己是无私的，那就应当拒绝这种打击摧毁行为，阻止舍己为人。

——《快乐的科学》，第一卷，第21节

自私的人根本不懂自己

人人歌颂的舍己为人，其实只是极其阴险、狡诈、不诚实的自私自利。我们以为自己在为他人着想的时候，其实根本不懂那个人。而我们以为在为自己着想的时候，其实也根本不懂自己。想要当个“自私”的人，就必须拥有自我，而这个自我，其实就是我们与群体的区别，是我们的个性底色。不过，我们嘴上说的“自我”，我们所谓的“我”，其实只是个社会形象，是他人向我们灌输的东西。

> 绝大多数人，尽管总是想着、说着他们的“自私自利”，但终其一生都没为自我做过什么事，所作所为只是为了自我的幻象，而这个幻象则是周围的人在大脑中想象出来的。
>
> ——《朝霞》，第二卷，第105节

“自私”的人并没有为自己着想，因为“自私”的人根本不知道自己内心深处是什么样的。事实上，对于自己本身以及自己的欲望，他的了解既错误又浅薄，等同于群体对自身及个人利益的看法。例如，人们谴责交易员的“自私行径”：自己赚到盆满钵满，却把小储蓄者推入深渊。但是，此时我们忘记了，这种自私行为极为拙劣、肤浅，表达的只是最基本、最普通的渴求：对金钱、权力、社会地位的渴求。这种自私的人，根本没有走出群体。他想要的东西，其实也是众人想要的东西。与其谴责交易员的“自私”，不如同情他们，同情他们忘记照顾自己、忘记自身的真正利益，同情他们在追求自我欲望时缺乏想象力。

普适道德不属于任何人

无论是自私自利还是舍己为人，两种行为都不可取。不过，在追求自我的过程中，第一步则是打破道德枷锁，不要听信它对无私的呼唤。这是因为，在道德眼中，我们只不过是群体中的一环，充其量算个自动装置，被用来执行某些抽象的职责；而这些职责，由于对所有人都有价值，因此对任何人都没有用处。高风亮节者、好人，都不是真正的人。他的全部“美德”都与某种人性模板相符，与道德所提倡的毫无个性的价值观相符。因此，我们越是想完成抽象的普适“职责”，就越是浪费精力，最终只能精疲力竭。如果不能获得大功告成的成就感，就没有乐趣，也就无法自己补充能量，难道不是这样吗？我们越是机械地执行具有普适价值的行为，就越忽视——也忘记了——自己的直觉。道德家“堕落”了，失去了本能和内在力量。

此外，道德家嘴上说自己遵从“普适律法”，这其实揭露了他无比傲慢的态度。虽然他假装服从普世律法，为共同利益牺牲自己，但普适律法、共同利益其实是由他决定并强加给众人的。道德家装出一副谦卑的样子，背地里却是暴虐无比的自私自利，就是他，把自己的品位、偏好、恐惧、不满当作适合所有人的准则。

什么？你景仰心中的条条框框？景仰道德评判的“说一不二”？景仰“所有人此时都必须像我这样评判”这种情感的“毫不妥协”？还是景仰你的自私自利去吧！你自私自利到盲目、卑鄙、不思进取！只有自私自利的人，才会把自己的评判当作普适律法；而这种自私自利，也是盲目的、卑鄙的、不思进取的，因为它表明你尚未发现自己，你还没创造出只属于自己的理想——这样的理想绝对不会属于另一个人，更不会属于大家！——如果谁说“在这种情况下所有人都必须这样做”，那他在认识自我方面还没走出五步远。

——《快乐的科学》，第四卷，第335节

我们的职责应当是我们的特权

如果要有美德，那必然是属于个人的，而非大家共有的。如果所有人都以同样的品质、同样的力量、同样的方式行动，那有什么用呢！道德观念告诉我应当做的事，如果有人已经做到了，那我为什么还要照做呢？集体服从于普适道义，其结果就是浪费了个人的杰出品质。此外，由于太多的人做同一件事，冗余就会导致无用功，甚至产生负面效应。如果道义职责的确存在，那它一定会要求每个人去做只有他才能完成且应当完成的事：除了他之外，谁都做不了。它就像发自内心的需要，迫使我以与众不同的方式做事，而这种方式，可能令人震惊，可能被人误解。

只要还有人表扬你，就说明你还没步入自己的轨道，还在他人的轨道上。

——《人性的，太人性的》，第二部，第1章，第340节

真正的道德观念绝不会要求我们礼让众人，相反，它会要求我们把道义职责当作一种特权，一种不愿与他人分享的特权。这特权，非我莫属，是我们与其他人的区别所

在。我们的这种欲望，他人根本没有。就是它，为我们指明自己的职责。尼采甚至说，道义美德是一种奢侈品。这是自私自利的升华，是它最自由潇洒、最精英主义的形式。事实上，我们的特权就是我们的职责，为此我们不得不努力提升自己：能拥有这一独特潜能是我们的运气，而我们的责任就是将它落到实处。因此，我们需要守好自己的职责，千万不要把它推给别人。

“我的观点就是我的观点，他人无权轻易享有”——未来的某个哲学家恐怕会这样说。与众人观点一致这种丑陋想法，我们必须抛弃。邻人叨在嘴里的“东西”，还算什么东西。又怎么会有“共有的东西”一说！这个词自相矛盾：能大家共有的，必然价值寥寥无几。

——《善恶的彼岸》，第二章，第43节

每个人都应根据自己的个性、自己的感知力选择相应的职责：深刻的人去寻找“深渊”，追求令人眩晕的神秘经历；敏感的人投入“温柔”与“惊颤”；稀有的人专注于稀有的事物；伟大的事物，则留给有远见卓识的人。

超越自私自利与舍己为人

关注自身特质，并非纯粹简单的自私自利。这可不是只盯着鼻子尖，也不是只考虑自己。尼采之所以反对“爱邻人”，是因为它与“爱自己”太过相近。《圣经》告诉我们“爱邻人，就像爱自己”，这句话揭露出以自己为中心的狭隘想法：这种爱，没有能力去爱与我们不同的人。查拉图斯特拉说，爱邻人不过是“对自己的错爱”，因此鼓励我们去“爱远人”。我们必须去爱未来，无论是我们自己当前的福祉，还是他人的福祉，都可能阻碍未来。因此，我们必须拒绝自私自利，拒绝舍己为人，忘记我们自己，忘记他人，只盯向遥不可及。

事实上，没有什么个人真相，只有彻头彻尾的个人错误——个人本身就是一个错误！……我们是树上的小芽——我们的未来对大树来说有何影响，我们知道么？但我们都有一种意识，似乎我们想要并应当成为整体，关于“我”和所有的“非我”，我们都有一种挥之不去的想法。停止把自己当作这个虚无缥缈的“自我”！一点点地学习如何排斥这所谓的个体。发现自我的错误！要意识到，自私自利是个错误！但也不要把舍己为人当作它的反面！那只是去爱其他那些所谓的个体！超越“我”和“你”！把感受能力放到和宇宙一样大！

——遗稿，1881年，第11组，第7节

我们头脑里的个体，那个独立自主、与世隔绝的“我”，其实只是个幻想。这种情况造成了以上两个后果。当然，我们必须超越狭隘的个体概念，把自己看作链条中的一环、长带中的一针，从过去通向未来。但我们必须先去创造这种个体性，它还不是既定现实。我们必须学会调整我们的冲动、编织我们的优势和弱点、塑造我们的个性，这样才能成为自己。

关键问题

1. 您在人类群体中的关系如何？您觉得自己在哪里更舒服：群体之内、旁边、前方（像牧羊人一样），还是跟在后面？在《偶像的黄昏》一书中，尼采曾提出几种主要的“意识状态”，有助于塑造个性。请留意自己与集体之间的关系。

2. “仅在群体中执行一项职能”，这种状态能否让您安心？您只想在机器中当一个齿轮吗：执行预先规定的任务，盲目跟随他人？您不想去寻找自己的路、承担自己的责任吗？只执行一项职能而已，这样也没什么不好，但您要想明白，知道自己想要什么，知道为什么：恐惧，舒适区，还是需要感到自己有用？

3. 您为什么想去帮助他人？您真的关心他们的问题吗？您能否确定自己的帮助有效？也许，您将他人的痛苦当作了屏障，为了不面对自己，为了不面对自己的问题？或者，您之所以关心他人，是因为想要与被关心的人做比较，觉得自己比他们强？

4. 您是否曾责备他人自私？您是否曾对配偶、父母、子女、兄弟姐妹、同事这样做？问问自己：为什么不能容忍别人的自私？要求他人对您无私，难道不是自私的行为吗？不主张自己的权益，反而等他人代为执行，这是消极的自私自利，您对此感到自豪？

5. 您是否捍卫某种伟大的道德原则，并用它去评判他人？既然您的信仰只不过是口头上说说而已，那为什么还要把它强加于人？您为什么要躲在这原则之后？如果您放弃了它，会发生什么？您是否会感到马失前蹄，不知所措，只能独自面对内心深处那股虎视眈眈的力量？

6. 您是否想要符合某种模式，成为善良、正义、慷慨、宽容或其他道德价值的楷模？您是否觉得，必须遵从这种模式才具有个体价值？或者，在这些抽象概念之外，您能否找到其他价值？

7. 您是否需要他人赞同您的选择与行动？您是否寻求他人赞扬？这些赞扬是否会影响您的决策？尼采说，如果有人称赞，说明我们还没有找到自己的路，您懂得个中原因吗？哪些事情对您来说才是重要的，但您从未收到过赞扬？进一步探索，因为您的秘密之路可能就在那里。

8. 您是否觉得存在只有自己能做的事情，这件事情只对您自己有意义，对他人毫无意义？这就是您的真正职责：您应当做的，不是谁都能做的事，而是只有您能做的事，是除了您之外谁也无法成功的事。不一定超乎想象，但一定独特而恰当。

第三章

行事策略

成　其　所　是

重新走上肯定的道路

理想的坍塌与贬值,“上帝之死”,它们兴许是前所未有的机会,您可借此创造新价值、启程去冒险、过上铤而走险的生活。虚无主义危机是一次机会,您可以借此走向积极的道路,将“毫无意义”的痛苦转化为多重意义所带来的快感。换句话说,去经营属于我们自己的健康。

事实上,我们这些哲学家和“自由精神者”一听到“老上帝已死”的消息,便觉得自己被新的朝霞照亮,于是心中充满感激、惊喜、预感、期待——终于,远方再次以崭新的姿态出现在我们面前,尽管它还不明亮;终于,我们的航船就要再度起航,冲向各式危险;饱学之士的各式冒险又能开始了;那大海,我们的大海,再次一望无际地展开,如此“一望无际的大海”恐怕之前从未有过。

——《快乐的科学》,第五卷,第343节

在道德观念和宗教的教导下,我们一边捍卫那些要么不存在,要么与生命背道而驰的观念,一边否认生命中必要且有益的东西。

非基督徒，对一切自然的事说“是”，天真无邪地感受一切自然的事，是“自然的状态”。

基督徒，对一切自然的事说“否”，对一切自然的事感到不值当，是“反自然的状态”。

——遗稿，1887年，第10组，第193节

道德观念否认独特人格，并树立起一个抽象空洞的反面形象——“道德高尚”的人。如果我们想发展自己的独特人格，就必须重新学习在大方向上说“是”，肯定生命和世界，肯定我们自己。

对生命说“是”，就是接受恶行？

面对生命中的确存在的那些恐怖事件——大屠杀、苦难、疾病……人类残忍变态的各种表现，如果此时继续赞美生命，难道不是内心深处阴暗丑恶的表现？在奥斯威辛、斯雷布雷尼察、尼亚拉布耶，面对那些残暴，我们能否坚持歌颂一切？作答之前，必须反过来看这个问题。之所以谴责悲剧事件，恰恰是因为我们原本就对生命本身持肯定态度。肯定占主导，谴责只是它的后续。虚无主义者因生命固有的痛苦而谴责它，这本身是个逻辑错误。正是因为我们

热爱生命，才会在此基础上拒绝接受它的某些方面。

尼采认为，虚无主义者对生命的普遍性谴责，才是真正的渎神行为。尼采谴责宗教与形而上学的虚幻，但他并不嘲笑神圣。相反，他强调生命神圣不可侵犯，并展示道德观念与宗教否认生命的行径有多么不恭。

爱部分，就是爱全部

因此，对生命持一种普遍性谴责态度，这种行为终归是徒劳无功的。尽管意气风发的时刻是如此的罕见，但对这些罕见时刻的渴望，足以让我们重新审视自己对生命的那些苛责。

我们是否对自己满意，这根本不是首要问题，关键在于是否有一件让我们满意的事。一旦我们对某个转瞬即逝的时刻说“是”，我们就不单单是在对自己说“是”，而是在对整个此在说“是”。原因在于，无论是我们自己，还是世间万物，没有任何东西是独立的：当我们的灵魂如琴弦一般在幸福面前颤动并共振，这样的情况就算只有一次，也需要古今万物协调齐备才能促成——当我们对这唯一时刻说“是”，古今万物也得到了祝福、救赎、辩护、肯定。

——遗稿，1887年，第7组，第38节

有时，我们本已痛苦至极、生无可恋，但只消一刻美好，就能让生命的意义不证自明，抵消之前的所有痛苦。这样的经历想必大家都曾有过。尽管这幸福看上去转瞬即逝、“独来独往”，但它的确与明显的“常在”、痛苦甚至不幸的经历有着千丝万缕的联系。把幸福时刻从生命中孤立出来、抽取出来，再努力消除那令人不悦的部分，这只能是毫无根据的一厢情愿。在那短暂一刻，我们不再觉得曾经的努力付之东流。其实，其他所有痛苦时刻同样值得我们努力。这些痛苦，是原因，是前提条件，是通往稀有幸福时刻的路。

因此，即使我们只喜欢生命中的某些时刻，也不能以此为借口去拒绝其余大部分。例如，只赞颂爱情，同时拒绝孤独，这是不合逻辑的行为。孤独既是爱情的必要准备，也是爱情的必然结果。渴望爱情，意味着渴望孤独，爱情与孤独如影随形，就像愉悦与痛苦、幸福与不幸一样。

爱命运，就会让它更美

生命里种种事件之间有着错综复杂的联系。理解这一点之后，如果我们想对其中一个部分说“是”，就必须对全部说“是”。如果一切都互相关联，那就不存在偶然。每个生灵、每场事件都受到其他万事万物的制约，因此必然发生。这就是命中注定、宿命安排。所以，尼采会说“amor fati”，即爱命运，或爱宿命。

今天，人人都可以表达自己的愿望和诚挚的思想，我也想说说对自己的期望，说说今年第一个掠过心头的想法，这想法应该成为我继续生活的基础、保证和营养。我要更加努力向学，把事物的必然性视为至美，如此，我必将成为美化事物的人群中的一员。Amor fati，从现在起，这就是我的所爱了！

我无意对丑开战，无意指控，无意指控控诉者；看别处，这将是我唯一的否定！一言以蔽之：我只希望在某个时候变成只说“是”的人！

——《快乐的科学》，第四卷，第276节[1]

对生命的方方面面说“是”，尼采并不认为这是一件容易的事。所以，他在订立新年计划的时候许愿“总是说‘是’”。在他眼里，“肯定生命”这一原则能够治愈怨恨、内

1 中文摘自：尼采，《快乐的科学》，黄明嘉译，华东师范大学出版社，2007。有改动。——译者注

疾、虚无主义。仇恨与否认让世界变得丑陋无比，而热爱与肯定则让它变得美丽动人。因此，我们不能否认丑陋或邪恶，否则它就会变得愈加丑陋；我们应当接纳它、爱它，把它当作生命中不可避免的一部分，只有这样，它才能变美。

与其谴责，不如远离

难道我们必须承受一切？难道我们不能嗤之以鼻？面对最沉重的负担，难道也必须坚持这样的原则？不是的，面对忍无可忍的情况，有一种策略比否认更加有效——远离。我们没有必要把自己搞得精疲力竭。奋力反抗那些让我们忍无可忍的事，最终会让我们变成它的傀儡与帮凶。我们只要掉头走开就好。面对可能引发怨恨或仇视的情形，避开它，有意过滤，拉开距离。这是一种艺术，是“远观的悲恸”，是贵族道德的根本基础。只有奴隶才需要那些伤害他的东西，这样他就能把对恶的否定当作美德，并为它摇旗呐喊。但贵族不同，面对恶事，他不会以任何方式与之战斗，也不会去污蔑咒骂。他只想自保，更愿意走得远远的，忘记这些事。

如今，一些人花费时间精力，与高收视率节目或消费社会的愚蠢做斗争；一些人终其一生，把文字攒成燃烧弹投向景观社会，哀叹“文化大没落”，到地铁站里去撕广告。他们全力投入仇恨事业，拉低了自己的水平，变得与憎恶对象齐平。批判电视节目低级趣味的人，总是盯着电视；宣称打倒广告的人，一天到晚都在阅读广告标语。向尼采学习，最高尚的态度其实是不看电视，也不谈论它，去读诗歌，而不是广告文字。

与其禁止，不如去做其他事

面对无法接受的事，却仍坚持眼不见为净；面对本可以阻止的事，却仍放任自流。这样想也是不对的。但是，感到恶心的时候，为什么要在毫无建树的耿耿于怀中陶醉徘徊？为什么要在永无止境、毫无用处的斗争中耗费自己的精力？为什么要在让我们不爽的事情里寻找扭曲的乐趣？与其花那么多精力去否认让我们不快的事，不如做点别的：追求并赞颂我们喜欢的事。事实上，否认的最佳方式，就是去肯定其他事。

在行动中放弃。——说真的，我真是受够了这一类道德说教：“不许这么做！放弃吧！振作起来！”——我偏爱的道德说教与之相反，它督促我做某件事，不停地做，从早到晚，睡觉都梦着它，心无旁念：做好它，如此之好，除了我谁也做不到！……"我们的行动决定了我们放弃什么，我们在行动中放弃。"这才是我喜欢的话，这才是我的placitum[1]。我并不想眼睁睁看着自己日渐贫弱，而是不喜欢那些负面美德，这种美德的本质就是拒绝与否定自我。

——《快乐的科学》，第四卷，第304节

在讲求肯定的道德观念里，否认（拒绝、排斥）从来都不是出发点，而只是结果。在讲求怨恨的道德观念里，否认是出发点，肯定是其结果。此时，我们在仇恨的驱使下，开始去爱厌恶之事的反面。但是，纯粹的否认只是纸老虎，批评社会现状的人什么也改变不了。相比之下，在尼采推崇的道德观念里，由于占主导地位的是爱，因此就事论事，我们不恨任何事物。因为有更吸引我们的事物，所以对其他事物我们漠不关心。因此，漠不关心式的否认来自强烈的肯定，而这肯定的确能够带来改变。

此处尼采提出了一个好办法，能够用来戒除坏习惯、

1 placitum，拉丁文，意为"观点"或"辩护词"。尼采具体取该词何意，目前仍有争论。——译者注

坏毛病或瘾癖。光想着“停止”做某事是不够的，必须去做其他事，做那些更强大、更让我们欲罢不能的事。不应当只想着戒烟，而是必须想要跑得更快、呼吸得更好不应想要吃得更少，而是必须想要拥有更轻盈的感觉或享用更精致可口的菜肴。取代瘾癖的，必定是更让人上瘾的事，必定是让我们从早到晚都想去进行，甚至睡觉都会梦到的活动。

创造者的“是”兼有毁灭的力量

对生命说“是”并不等同于照单全收、全部忍耐。我们需要分清轻重缓急，懂得选择与排斥。成功者天生就有一张过滤网、一种防御性的筛子，只允许适合自己的东西进入。这种自我保护的本能，能够阻拦对自己有害的东西。这张“网”其实就是我们日常所说的“品位”。“否”在我们的生命中的确占有一席之地，但是“是”占主导地位，“否”要受其制约。因此，无法说“否”也是病，和无法说“是”一样令人担忧。不加区分、不懂偏好地接受一切，实际上就是否认自己，否认自己的感悟力、喜好、愿望。在《查拉图斯特拉如是说》中，尼采阐释了这种愚弱消极的肯定，把它比喻成“驴子”。这驴子否认自己，承认全部，它没能把“否”的刀刃与“是”的力量结合在一起。于是，无论面对什么，它都只答一声“是”。最后，崇拜现实的驴子承下一切、不堪重负、精疲力竭，终于倒下，被它背上承载的现实的重量压垮。不能光对这个世界说“是”，还必须对自己说“是”，然后否认世界的某个部分，否认阻止我们寻找自我的那部分。真正的肯定必然意味着随之而来的否认。创造之前总要毁灭，迎新之前总要辞旧，必须对旧有事物进行转换、调整、重新诠释。

只有作为创造者，我们才拥有毁灭的力量！

——《快乐的科学》，第二卷，第58节

尼采告诉我们，没有毁灭就没有创造。因此，他谴责的不是否认，而是被动。被动说“是”，就是向现实束缚低头；被动说“否”，就是暗想为不幸复仇，终被复仇想象反伤。被动说“是”比被动说“否”好不了多少。相反，主动说“否”，就是对人生境遇质疑，这也是所有肯定行为的关键组成部分。尼采谴责对生命说“否”，但生命之中也有一部分对它本身说“否”。拒绝对否认生命的那一部分说“否”，从根本上说也是对生命说“否”。

“否”中如何藏着“是”

在一段时间里，必须彻底否认、全局质疑、摧枯拉朽，之后才能开始真正的自我肯定。因此，在培养肯定态度的过程中，虚无主义是关键一步。首先要对任何说“否”的事情说“否”，之后才能获得对生命说“是”的能力。查拉图斯特拉用比喻说明了这一过程。人生来是一只骆驼，背负着世界和道德观念。他必须先变成一头狮子，然后才能变成一个天真无邪、嬉笑打闹、充满创造力的孩子。先要像狮子一样厉害，才能为孩子的自由创造腾出空间。先要摧毁束缚我们的旧有价值观，证明我们的自由，才能获得创造与肯定的能力。之后，我们就会意识到，暴力、狂躁、自私都只是天真无邪的一种形式，一种接受生命的方式。

因此，我们必须留意自己的拒绝、排斥、厌恶。它们绝不是彻底失去兴趣的症状，也不是死气沉沉的征兆，可能是生命的预兆，正以叛逆的方式四处探索。有的“是”里隐藏着羞愧猥琐的“否”，但也有一些“否”预示着尚不自知的“是”。

我们否认，也必须否认，因为我们内心深处，有些东西想要活，想要肯定自己，这东西，也许我们还不知道，还看不见！

——《快乐的科学》，第四卷，第307节

我们心中，有一部分不自知，也有一部分不确定，我们必须接受并理解这一点。我们心中沉睡的力量，无法在第一时间为我们所感知，我们要有耐心，这样才能看到“否”逐渐演变成“是”的胚胎。尊重拒绝，把它当作全新肯定态度的发酵池，发现意想不到的生命可能。

哲学—行动

1. 消沉或忍无可忍的时候，试着想一想：生命中是否有值得付出的时刻？回想起这些时刻，您是否改变了对当下的看法？对生命唯一一次说“是”，会迫使您对全部生命说“是”，因此也对最无聊、最痛苦的时刻说“是”，这一点您是否感受到了？

2. 说“否”的时候，拒绝、批判、谴责的时候，这本来就充满问题、令人不爽的事，会变得更加丑陋酸涩，您能意识到吗？所以，面对那些攻击您、让您不舒服或伤心的事，试着找找看，其中是否有一些非凡之处、教育意义、必然性。每一次，都要像艺术家一样，懂得把丑陋的现实升华为崇高的艺术。

3. 您是否经常关注现实中令您困扰的事？下一次遇到让您感到不适的人或事，能否主动忽略、主动远离，把注意力放在让您充满正能量的话题上？给自己立条规矩：每次都要设法远离冒犯我们的人或事，千万不要受它刺激并久久不能忘怀。

4. 您是否想要摆脱某种不良习惯？不要想着停止或戒除，更好的做法是开始做新的事，全身心地投入。然后，对于之前本想停止的那项活动，您就不会投入那么多欲望和时间了。

5. 您是否有毁灭倾向，甚至自我毁灭倾向？您是否想破坏一切，打碎眼前的东西，或者破罐破摔？您是否避免出现这种破坏性行为？您是否感到内疚？您能否将其视为创造的前提和补充？经常想想，借助毁灭，您能创造些什么。每当您想要破坏某件东西的时候，尝试同时建造些什么，将您的毁灭行为变成创造。

6. 在您内心深处，拒绝的成分是否比欲望更多？这些否定的背后藏着怎样的积极态度，您能否找出来？把您的“否”想象成利剑，它们指着的那个方向，有某个您尚不知晓的"是"。

想要强大必须放慢脚步

尼采坚信，大部分的人无法对生命说"是"。这从中作梗的，正是他们自身的软弱。肌体已经筋疲力尽，肉体和心智构建弱不禁风，没有耐压与抵御的能力，无法承受生命的重量，因此他们没有能力直面问题，无法接受沉重的打击，只能指摘、谴责、彻底拒绝生命。否认，标志着无力重新诠释并改造现实：

良田。——我们的一切拒绝与否认，都是缺少孕育力的表现：说到底，如果我们确是良田，绝不会不经使用便放过任何事物，我们会在每样东西、每件事情之中，在每个人身上看到恭候多时的肥料、雨水和阳光。

——《人性的，太人性的》，第二卷，第一章，第332节

任何失望、痛苦、存在悲剧，都应成为鞭策，激发我们的力量与生命创造力，激发我们的权力意愿，让我们以新的方式，更加有力地捍卫自己。众所周知，最好的葡萄酒

总是来自最差的土地。酸性土壤迫使葡萄植株扎根更深去寻找营养物质，放弃可有可无的枝叶，由此产出纯度更高、味道更浓的葡萄。同样，生活中的阻力、挫折、意外也会让我们更加坚强。

软弱引发苦闷

百无聊赖、精疲力竭、恶心厌恶，这些感觉的根源并非苦闷，而是活力、创造力的减弱。正因为这软弱，我们才会躲在苦闷情绪里。正因为这本性上的软弱，我们才会被卷入宗教或狂热主义血腥的痴心妄想中，沉迷于各种各样的毫无节制，对暴力、毒品、激情或化学品上瘾。虚弱的人束手无策、无法控制自己，只得不断找寻愈加强大的刺激感，这样才能觉得自己还活着。

我首先需要教的犯罪、独身、疾病，都是精疲力竭的后果……

——遗稿，1888年，第15组，第13节

尼采对待“软弱者”的态度令人发指，有时他会使用“沉沦者”“堕落者”这样的词语。尼采反对基督教的悲悯

与同情。为了保护“积极向上”的生命，他不惜以铁石心肠对待任何“沉沦没落”的生命形式。在尼采最掷地有声的宣言中，甚至有些优生学倾向。

软弱者和失败者应当归于尘土：这是博爱的首要原则。在这过程中甚至还要帮他们一把。

——《敌基督者》，第2节

读到这样的段落真是让人胆战心惊（当然，这就是尼采追求的效果）。当我们感到虚弱不堪，似乎被生活淹没、无力去捍卫它的时候，除了灭亡，我们还有其他选择吗？尼采的话似乎意味着，虚无主义思想来自这构建层面上的软弱，即使注入更具活力的想法也无法解救。按照他的逻辑，所有的哲学改良都必须采取优生学原则，抛弃软弱者和失败者。看到这里就明白了，为什么有些人会认为尼采是纳粹主义的前身。

受到惊吓才能醒来

那我们呢，与其改良思想与价值观，不如接受“归于尘土”的命运，将软弱背后的自我毁灭本能表现得淋漓尽致。尼采想向我们证明，虚无主义的后果不可避免，在理论层面上拒绝生命，终将导致在实际层面上否认生命。尼采提出警告，要我们做出反应。面对这样的情势，我们要么带着虚无主义继续前行，直至毁灭；要么放弃虚无主义，想办法让自己强大起来，重新爱上生活。尼采说虚弱者必须消亡，其实是让我们做出选择。他告诉我们，选择虚弱，就是选择死亡，其实是想以此激励我们选择生命。因此，虚弱、沉沦、堕落，并非无可救药。尼采自视为沉沦的人，他也曾患有虚无主义的病，正因如此，才给自己当医生，将它治愈。

尽管我是个沉沦的人，但我也与沉沦者不同。我有证据，比如，面对健康不佳，我本能地选择正确的治疗方法，而沉沦的人总是选择于己不利的方法。

——《瞧，这个人》，“为什么我这么有智慧”，第2节

因此，面对沉沦，确有解药；面对软弱和精疲力竭，确有补药。强弱并非刻在大理石上的稳固状态，而是管理、积蓄或花费自身力量的不同方式。尼采认为，有一些日常简单方法，能够节约并增强力量，避免力量耗散。我们应当远离形而上学与意识形态领域的大问题，转而把注意力

集中在生活小事上，关注自己的日常习惯。

意志不足，其实是缺少能够全心投入的激情

我们所说的软弱是什么意思？沉沦是什么意思？通常而言，我们认为软弱是指缺少意志，没有能力下定决心并坚持不懈。软弱者意志不足，既指无法抵御诱惑和干扰，也指无法真正开展积极行动。尽管尼采提出了“权力意志”这个概念，但他本人既不相信意志，也不相信自由。他曾写道，意志并无自由，只有坚强与软弱之分。但随即又补充，其实强弱也只是幻象而已：

意志软弱：这一类比可能产生误导。由于意志根本不存在，所以也没有坚强的意志或软弱的意志。冲动各不相同、杂乱无章、缺乏体系，结果便是“软弱的意志”；冲动协同作用，其中之一占据主导地位，结果便有“坚强的意志”。第一种情况属于摇摆不定、找不到重心；第二种情况则方向精准明确。

——遗稿，1888年，第14组，第219节

意志并非自主的能力，它不是飞行员，也不是控制塔。

我们的内心世界是一片混沌，由冲动、本能、欲望组成，既有软弱，也有坚强。意志并非这片混沌世界的主宰。软弱并非内在品质，并非内心力量的先天缺陷。准确地说，坚强和软弱是组织内心冲动的两种方式。如果冲动结构分明、组织得当，形成协调一致的体系，那么我们就是强大的，我们就会觉得自己拥有坚强的意志。相反，如果冲动杂乱无章、彼此争斗，从而相互抵消，那么我们就会变得软弱。一方面，这些冲动力量四处散佚，无法凝聚并创造出一股更加强大的力量；另一方面，冲动之间永不停息的战争终将把我们拖得精疲力尽。

克制才能聚力

这就是软弱的两个特征：无法克制某个冲动或某种刺激，导致自身能量四散；各种冲动处于混乱无组织的状态，互相之间发生战争，永远无法团结强大。这两种病状，第一种叫应激反应过强，第二种叫冲动混乱无组织。两者只有一种治愈方法——慢下来。想要强大，就必须学会放慢脚步。在刚开始的时候，放慢脚步有助于推迟对多重刺激做出反应，避免浪费能量。之后，慢下来的脚步就像一座大坝，拦住水流，蓄积势能——迫使我们的能量积累、集中、加强，显露出占据支配地位的本能。于是，就会出现一支主导冲动，令所有其他冲动臣服于其脚下并和谐共处。

如何变得更强：慢慢决定，坚持己见。一切水到渠成。“突如其来的”“变来变去的”，这是两种软弱的类型。不要和它们混在一起，保持距离，越早越好！

——遗稿，1888年，第15组，第98节

将放慢脚步当作生活的基本准则，然后对软弱进行诊断，就能发现它来自分心、耗散、对刺激做出的不同反应。一方面，我们总是受到一些小事的诱惑，无法全心投入长期计划；另一方面，我们受到这些小事的刺激，对其做出过度反应，把能量全都耗散于此。想想那些患多动症的孩子，他们总是对某个冲动的刺激做出反应，以至于无法专心上学；想想那些连一分钟静音都无法忍受的人，他们总是要用电视、电话交谈、视频游戏填补空白。传统道德观念所称的“坏毛病”实际也是指这种病症：无法遏制冲动，无法暂缓反应，立刻就会对性欲或怒火让步，无法让情绪成熟并将它们推向正确的方向。

无为的力量

尼采尤为强调这一矛盾：软弱，并非没有行动力，而是无法停止行动。如果想变得强大，就必须学会无为——这正是软弱者不懂的道理。

关于“软弱者”的卫生问题——软弱状态下做什么都会失败。感悟：什么都不做。可问题在于，在软弱的影响下，恰恰是中止行动、不做任何反应的能力受损最为严重：在我们根本不该反应的时候，我们反倒反应得最为迅速、最为盲目……

天性的力量表现在等待与延缓反应之中。

——遗稿，1888年，第14组，第102节

教育就是学习放缓脚步、自我抑制、推迟反应的能力。抑制的目的，不是彻底放弃享受，而是晚一点好好享受。因此，愚蠢和粗俗，其本质是过快反应、着急忙慌，完全不留时间让印象沉淀、让思绪成熟。只有停下脚步、暂不评判时，只有被动沉入思考时，才能看到事物的细节与微妙之处。艺术品鉴赏最能说明这一点。粗俗的人立刻就会发话，要么是“什么玩意”，要么是“太棒了”；鉴赏家则心存

怀疑、拉大距离，这样才能被艺术品中深藏的力量所吸引。因此，尼采在教育改革计划中建议学校把“教会学生去看”当作首要任务。

学习看——让眼睛习惯于安静、耐心，让事物自然靠近；保留意见，从各个角度观察并理解具体事件。这就是培养灵性的第一步：面对刺激，不要立刻做出反应，而是获得不动声色、与世隔绝的本能。学习看，按照我的理解，大概就是非哲学表达所说的坚强意志：其本质恰恰不在“意愿”，而在能够推迟决定。一切非灵性，一切平庸，其根本在于无法抵抗刺激——不得不做出反应，顺从每个冲动。在许多情况下，这样的“不得不做”已然显露出病态、没落倾向，依然是筋疲力尽的症状——非哲学糙话所说的“坏毛病”，大多只是这种不得不做出反应的生理性无能。

——《偶像的黄昏》，“德国人失去了什么”，第6节

因此，尼采所说的“力量”与我们最初的想象恰恰相反。它不是指突如其来的暴行、毫无来由的侵略、“金发野兽”的浮夸表现——即使尼采有时也会吹捧这种情形。这力量，是指全心投入的热情，它知道，必须自我抑制才能

等到瓜熟蒂落的那一天。

像孕妇般耐心

在描述“放慢脚步”的力量时，尼采没有选择男性形象，而是选择了女性形象，这并非偶然。在身体里积蓄力量，孕育想法或计划，的确就像怀孕一样。

期待之物，无论是观念还是行动，任何值得一提的成就，我们与它之间的关系只能像是怀孕，“意愿”和“创造”这种狂妄的说法就让它随风去吧！

——《朝霞》，第五卷，第552节

因此，真正的主动来自深层的被动。我们必须有不做任何事的耐心，在力量增强的过程中耐心等待，直到我们的行动破茧成蝶。因此，是不行动诞下了行动。我们在这两方面都要同样坚定。

小心所有半推半就的意愿：无论是懒惰，还是行动，都要下定决心。想要成为闪电的人，必须在很长一段时间里当阴云。

—— 遗稿，1888年，第17组，第58节过多过快的行动恰恰会导致我们放弃行动。

毫无建树的原因。——有些智者，天赋极高，却总是一无所获，原因在于他们性格上的软弱，极度没有耐心，无法度过漫长孕期。

——《人性的，太人性的》，第二部，第1章，第216节

等待新生儿、孕育新事物之时，必须知道：这新生之物，比我们更强壮、更伟大。经历孕期，必须明白：瓜熟蒂落背后的力量，完全不听意志的驱使，完全不受努力的影响。寻找灵感的艺术家，就像孕妇，他知道仅凭主观努力是无法获得创造力的。那么，这份额外的力量来自哪里？

继承祖先的努力

这股力量在最终化茧成蝶之前，不仅会在我们的一生中缓慢集中，还会连续几代人积蓄。我们继承了祖先的节约或挥霍。当尼采谈及“种族”问题时，他所指的并非民族区别，而是这种力量的传承，满是辛勤努力、卧薪尝胆、朝思暮想、失落焦虑。

总体上说，每件事的价值都在于人们为其付出的代价。当然，单看某一个体的时候，这个准则并不适用：个人的伟大能力与他自己为获得这些能力所付出的努力、做出的牺牲、吃过的苦头并不相称。但是，如果研究他的先辈历史，就能发现历史上他的先辈一直在节约并积蓄力量资本，先辈的历史中充满了各式放弃、斗争、劳动、成功。塑造伟人的成本极高，他的伟大完全不是什么“天赐”奇迹，也绝非“偶然”。“继承”这个概念有误。是我们祖先的付出，才有了我们的今天。

——遗稿，1887年，第9组，第45节

人们经常争论先天和后天、天才和努力哪个更重要。但对尼采来说，这样的概念对立毫无意义，一切都来自后天。我们从祖先那里继承的，就是他们后天习得的。只有努力，才有收获。我们的天资、天赋，只不过是前人努力播种的收获。

从生物学角度思考这个问题，尼采显然不对，因为他似乎认为后天习得的特征可以遗传——正如已被现代生物学正式驳斥的拉马克（Lamarck）的观点。但是，如果从更加贴近存在、文化、内心的层面上考虑，我们的确是祖先梦想与努力的继承人。从很小的时候，我们便沉浸在祖先后天获得的知识、故事、品位、爱好、习惯、纪律中，或者沉浸在他们的懒散与厌恶中。举个例子，无论是提升社会阶层，还是融入新文化，都需要经历几代人才能完成。

所以，我们必须自问：我们从过去继承了怎样的力量？在我们心中沉睡的是什么？我们的祖先、我们的环境、我们的历史留给我们的是什么？我们如何把它变成属于自己的力量？过去缺少什么？如今可以获得什么？我们的祖先过去曾培养哪个方面，使得如今的我们能够做到尽善尽美？

选择自己的亲缘关系

尼采认为，我们应当从祖先处汲取力量。但他所说的祖先并非生物学概念，他所说的种族也不是民族概念。我们的亲缘关系、我们的归属，来自我们的想象与主动选择。在《瞧，这个人》中，尼采说，“与父母之间的亲缘关系最微不足道”。尼采坚称自己不是德国人，而是波兰人，并采用了地中海、皮埃蒙特和普罗旺斯的生活方式。他认为，就算极端德意志民族主义者瓦格纳（Wagner）也不是德国人，法国人的感性在其音乐中表达得如此自然，完全没有德国那种浮夸……

无论我们去哪里寻找、假想自己的承继、亲缘、种族，都必须倚靠传承，倚靠代代相传的力量。仅凭自己这点微薄资源，我们根本无法成就自我。

必须捡拾过去的种子，那里有我们的未来。过去撒下的种子，其萌芽过程突然而意外。我们都是强大的火山，等待内部沉睡力量的爆发。

> 我们心中都藏着花园与植被。换一个比喻，我们全都是随时可能爆发的火山。
>
> ——《快乐的科学》，第一卷，第9节

当这力量足够强大的时候，我们必须知道如何使用它。不要因犹豫、挥霍、弯路和无用功将它浪费。我们必须学会如何下定决心，如何以自信的姿态与敏锐的直觉令心中躁动和谐统一。

哲学—行动

1. 在您那些伟大道义、振聋发聩的意识形态宣言（如有）的背后，藏着怎样的软弱？请尝试找到它们。当您责备他人时，想要隐藏自己的哪项个人缺陷？请停下对他人的责备，转而去纠正自己的缺陷，治愈这种软弱。请改善自己，而不是谴责世界并诅咒生命。

2. 每当您遇到困难、阻力、愁苦的时候，问问自己：困境如何能推动您前进，让您变得更加坚强？生活中的糟心事也能成为肥料。尝试将每一场厄运当作机会，借此尝试新的生活、行动、思维方式。

3. 当您认为努力毫无成效、满腔干劲却进展缓慢的时候，请尝试换个挡、放慢脚步。请注意观察，放缓如何令您更有把握、更加强大。体验一下，放缓如何为您的每一个举动注入力量，让它们变得更有分量。

4. 同样道理，不要急于做出决定。慢慢来，等到明天再说也未尝不可。不用担心，放慢脚步不会导致犹豫不决。决定会在您心中发酵，请相信这个无意识的过程，不要用不耐烦或自己的意志去干扰它。

5. 每当心中充满欲望或渴望的时候，不要屈服，不要害怕，放心去抑制它、压制它，就像堤坝拦住洪流。这样做的目的并不是破坏欲望，而是通过抑制来加强它，通过抗拒来让它变得难以抗拒。

6. 尝试一下，连续几个小时、几天甚至几周什么都不做。不要在娱乐中逃避，好好休息，彻底放空。观察此时的能量如何在您心中怒吼。尽可能抵抗它，直到您再也无法抑制，像火山一样爆发。尤其当您存在耗散、毫无因由的多动或心存疑虑的时候，尝试一下这个方法。

7. 您从过去继承了怎样的力量？您的父母留给您的天赋、努力、梦想是什么？进行个人规划的时候，尝试以这内心沉睡的已有力量为基础。这股力量不一定来自您的家庭、您的祖国，它可能来自您主动选择的某一传统，甚至来自想象。遵循传统并不意味着盲目服从。相反，传统带给您的力量，可能正是足以燎原的星星之火，让您彻底推翻传统，创造个人革命。

将想法转化为本能

将自己从道德观念与传统束缚中解放出来，这是征服自我的第一步。道德观念把群体价值观强加给我们，否认了我们的独特性。它谴责现实与生命渴求，切断了我们与生命力量之间的纽带。但是，从道德观念中解放出来，这只是第一步，之后，我们还需要把自己从这种“解放”中解放出来。

我亲爱的露，最后我要说说那个古老而又与个人密切相关的厉令：成你所是！首先，我们会觉得必须把自己从枷锁中解放出来，然后，我们还需要把自己从这种解放中解放出来！这枷锁之病，我们每个人都必须承受，就算打破了枷锁，也要承受。

——《致露·莎乐美的信》，1882年8月底

的确，枷锁的痕迹持续终生，我们身体上永远留着链环印。道德观念与传统习俗的暴力行径曾经伤害了我们，这道约束曾经雕琢了我们，但我们已经习惯了，还把它当作支架。于是，摆脱道德观念约束时，我们还会遭遇第二场暴力，再次留下深深的痕迹。那时，我们才会意识到，没有道德观念支撑的我们，一切都举步维艰，甚至连生存都是问题——即使我们已经知道，道德观念不过是诸多谎言织成的一块布而已。

我们心中的野兽想要被蒙在鼓里：道德观念就是那不

得已而为之的谎言，有了它，我们才不会被野兽撕碎。如果没有道德观念假设所犯下的那些错误，人或许还是动物。

——《人性的，太人性的》，第一部，第2章，第40节

的确，道德观念也有一个好处，它能为我们的冲动安排轻重缓急，从而管束我们的活力、组织我们的内心世界。这样一个由戒律、禁令、原则构成的系统，虽然可能削弱我们，但也能疏导、组织冲动，从而强化我们。道德观念就像一个模子，塑造人，定义人。一旦这支架被拆掉，人还能站起来吗？

坚毅性格是愚蠢的一种形式

自由思想派，即尝试创造属于自己的价值观、发明属于自己的个人道德的人；受传统束缚的人，即盲目服从僵硬准则和价值观的人。前者与后者相比，有很大的劣势。从某种角度说，被道德观念绑束的人愚蠢而狭隘，他不懂得独立思考，忽略了生活的其他可能性，将自己限制在非常有限的行动和选择中。然而，正是这种愚蠢带给他力量：传统派在做决定时从不犹豫，通过教育习得的道德戒律在无数次重复之后已经成了他的本能。我们所谓的“坚毅性

格”，不过是对行动可能的限制而已。这限制使我们摆脱了选择的痛苦，使我们的行动符合标准，让旁人觉得我们似乎品格鲜明。

想法受制，经由习惯变成本能，于是便有了人们所说的坚毅性格。如果人在行事的时候，来来回回总是出于同样几个动机，那他的行为就能获得巨大的能量；这些行为如果与受制者心态的主旨原则合拍，就会获得肯定，此外还会令行为主体觉得自己是个有良心的人。少量动机、强力行动、良心，共同构成了人们所说的坚毅性格。性格坚毅者不懂得行为会有多种可能性或多种方向，他的心智没有自由，受到绑束，在特定情况下，恐怕只能呈现出两种可能性；他必须从这两种可能性中进行选择，当然必须遵从其全部天性，这种选择轻松迅速，因为他没有50种可能性去选择。

——《人性的，太人性的》，第一部，第5章，第228节

与放慢脚步一样，限制可能性也可以积累能量。道德禁令就像堤坝，迫使冲动的洪流流向一个方向。因此，传统派总是比自由思想派更强大。后者浪费精力，去探索自

身行为可能性、评估行为后果、为行为寻找原因与理由。道德灌输，因那残酷而武断的纪律，使得我们在做决定时更坚定，在行动时更自信有力。

自由，就是更容易受伤

对于想要创造、革新、颠覆旧价值观的人来说，这种状况似乎是一道难以逾越的障碍。探索、实验、怀疑，它们都会不可避免地令我们分心、无法保持专注，使我们失去果断行动所需的直觉自信。思考、犹豫、失败尝试，它们都会耗费能量，让我们的手更加颤抖，无法准确寻找到目标。那么，问题来了：作为探索者、创新者、单枪匹马的个人主义实验者，我们如何才能获得与盲目遵循传统的人同等的能量、信心、本能直觉？

与那些站在传统一边、无须为自己的行为寻找理由的人相比，自由精神者永远是弱者，尤其在行动方面，因为他知道太多的动机和观点，做起事来缺少把握、不够熟练。有什么办法能使他变得相对强大，至少能捍卫自己的权利，不至于付之一炬？强大的精神是如何产生的？……能量，不屈不挠之力，个人抗拒传统、追寻以专属自己的方式理解世界时的毅力，它们从何而来？

——《人性的，太人性的》，第一部，第5章，第230节

因此，为了在传统和道德观念的大锤面前给创新与特立独行一个机会，必须让思考成为本能，必须让思考变得与习惯、自动症同样强大。我们所属的文化一边瞧不起本能，一边高估理性的价值。它建议我们做任何事情时都要“有意识”，把无意识看作幼稚、不负责任的表现。不过，很容易就能发现，最优秀的行为总是在无意识状态下完成的。只有当我们失败时，当我们为失败寻找解释时，当我们摸索正确方法时，或者更糟——当我们不知道自己想要什么时，我们才需要意识。

每一次有意识的思考，都表现了机体的不适：必须尝试新的东西，没有可供取用的先期准备，必须付出努力、紧张、过度兴奋——这就是有意识的思考……天才在于本能，善良也是。本能的作为，才是至善至美的作为。

—— 遗稿，1888年，第15组，第25节

因此，只有初学钢琴的人才需要随时留意乐谱和指法。

一旦掌握这首作品之后，他将不再思考，而是凭借无意识自动处理演奏技术。足球运动员在传球时根本没时间从战略角度对球员位置进行分析，他已经彻底吸收了这种分析，并能够仅凭直觉，无意识地做出决定。

肉体的智慧

因此，所有的精益求精，所有的不费吹灰之力，全都基于无意识的本能。原因很简单：如今的神经科学告诉我们，在大脑活动与它对该活动产生意识之间，存在一段相当明显的延迟。意识总是晚到一步，但采取行动的机会已失。当足球运动员“意识”到有进球机会时，场上平势已经发生变化。他必须在意识产生之前，以直觉的方式，通过条件反射或预感直接出击。

我们必须承认，肉体、无意识、冲动远比意识更加了解什么才是对我们有益的。基督教传统教导我们，肉体是为灵魂服务的工具。事实恰恰相反，灵魂、意识、理性，都只是肉体的工具而已。从本质上说，肉体并非精神的产物，并非头脑中标签化、缩略化的呈现，它是个体全部活动的综合体。因此，肉体本能地知道到底什么才是适合自己的。

可是觉醒者和有识之士说:"我全是肉体,其他什么也不是;灵魂不过是指肉体方面的某物而言罢了。"

肉体是一个大的理性,是具有一个意义的多元,一个战争和一个和平,一群家畜和一个牧人。

我的弟兄,你称之为精神的你的小的理性也是你的肉体的工具,你的大的理性的小工具和玩具。

你说"我",并以此语自豪。但比这更伟大的,你所不愿相信的——乃是你的肉体,你的大理性:它不说"我",而只是实现"我"。[1]

——《查拉图斯特拉如是说》,第一部,"轻视肉体者"

肉体无时无刻不在进行极其复杂的操作,如消化、看、听以及整个新陈代谢系统的调节。这些都是意识无法完成,甚至无法理解的。所以,我们必须承认,肉体比意识更有智慧,其微妙、精巧、洞察力水平要高出无限倍:肉体的智慧确实存在。

1 中文摘自:尼采,《查拉图斯特拉如是说》,钱春绮译,东方出版中心,2021。——译者注

让知识成为肉体的一部分

如果想要克服思考者的弱点，治疗自由思想派的优柔寡断与能量涣散，就必须把思想变成本能，让知识成为肉体的一部分。

如果这组保护性的本能无法占上风，无法在总体上起调节作用，人类就会因胡乱判断和白日梦、肤浅和轻信，总之在意识作用下毁灭。……吸收知识并使之成为本能，这仍是全新的任务，人眼刚刚开始发现，刚刚开始清晰辨认，到目前为止，我们吸收的只是自己的错误，我们的意识只不过是错误而已，能够理解这一点的人，才能意识到这项任务。

——《快乐的科学》，第一卷，第11节

如何吸收知识，让它变成本能？首先，我们必须停止干预本能，允许它自在张扬，找寻自己的路。然后，我们可以训练自己，让不断试图夺取控制权的意识去沉睡，从而唤醒并培养我们的本能。

不做解释，升华激情

激情可能蒙蔽我们的双眼，本能可能充满兽性，不适合社会生活。尼采说，在这种情况下，问题不在于激情本身，而在于激情中的愚蠢。激情、本能、冲动是生命所必需的，甚至是生命最深刻的表现。与激情、本能、冲动本身做斗争，而不去与其中的愚蠢做斗争，这种策略与自杀无异。

所有的激情都有这样一段时期，在此期间它一塌糊涂，以愚蠢的重量将受害者拉向深处——之后还有一段时期，很晚以后的一段时期，激情与精神联姻，实现“精神升华”。从前，人们因激情中的愚蠢而向激情本身宣战。……为了避免激情和欲望中的愚蠢成分以及这愚蠢所带来的不快后果，于是便去消灭全部激情和欲望。在今天看来，这种消灭行为不过是愚蠢成分的极端表现罢了。……教会以各种意义上的切除来打击激情：它的策略，它的疗法就是阉割。它从来不问：“如何让欲望获得精神升华，让它变得更美、更神圣？”……但是，从根本上打击激情意味着从根本上打击生命：教会的做法就是敌视生命。

——《偶像的黄昏》，“作为反自然的道德”，第1节

既然本能和激情是生命的命脉，就绝不能摧毁它们，

也不能从根本上攻击它们。我们必须让它们变得有智慧，让它们获得精神升华。要怎么做呢？第二种传统认为，应当让激情变得更加理性，由此治愈它的愚蠢。斯宾诺莎认为，如果能从理性角度理解激情，就能将其转化为行动，再加上充分的知识，就能使其变得愈发有力。在他之前，苏格拉底曾邀请我们审视自己信仰的理性基础。他暗示，一个想法，如果无法通过论证来为其辩解，就没有任何价值。但尼采指出：

> 本能在自我辩解过程中变弱：是自我辩解这个行为本身把它削弱了。
>
> ——《瓦格纳事件》，后记

苏格拉底蔑视本能的明暗交错，要求将它们全部放在强光下进行解剖。但是，在理性的光照下，本能就不再是本能。本能之所以有力量，正是因为它是暗地里的、非理性的、无法理解的，它能够在理性建造的丰功伟绩中另辟蹊径。以理性方式解读本能，只会将其转化为抽象、普适、千篇一律的概念，使其失去精妙之处。

不要试图自我辩解

理性忽视个性，摒弃激情。人们崇拜这样的理性，就像崇拜一束耀眼的光，把它视为无所不能，认为它能照见我们灵魂的每一个角落。但事实恰恰相反，我们应当保护自己激情本能中这些阴暗、非理性的角落。尤其不要问自己为什么做某事！尤其不要尝试解释自己为什么存在某种欲望！尤其不要尝试自我辩解！否则必然会对我们的直觉逻辑造成破坏。给自己找理由，这是恶趣味，总含着些歪心思：生活中的好事不需要理由，本身就是好的，本应如此。给自己找理由，不过是自欺欺人而已，想用虚假的意图来掩盖自己真实的愿望。与理性能够给出的解释相比，我们行为的真正原因总是更加复杂。

如果听说某个人需要理性才能保持体面，那就要小心了：我们要避免与他为伍。“因为”这个“不起眼”的词在某些情况下意味着妥协，有时仅一个“因为”就反驳了自己。如果我们听说某个追求美德的人甚至需要不好的理由来保持体面，就更有理由不去尊重他了。

——遗稿，1888年，第14组，第112节

为了保护我们的本能，让它们茁壮成长，我们必须给自己一点娇惯，允许自己去做一些无意识的事，留一点天真烂漫。不要把理性范式强扣给愿望，不要试图把欲望装进盒子，要给自己不理性、不负责的权利。为此，有时必须懂得如何关闭意识的大门，命令自己遗忘并做一些蠢事。此时，必须倒空意识，不让它干扰我们的本能生活。

之前已经讲过，刻意遗忘是对抗愤怒、怨恨，报复欲望煎熬的最佳方法。遗忘不仅是一种被动缺陷，也是一种主动策略。现在有必要扩展这一原则：遗忘不仅能够保护我们免受外部侵犯的伤害，同时还能避免我们自己的良心伤害无意识。这良心，就是我们那判官般的理性，试图解释、驯服本能并将其纳入合理化范畴。

命令自己偶尔蠢一下

问题、疑虑、试图辩解，如雪崩般蓄势待发。对此，遗忘才是最佳屏障，是最大的幸福。坚毅性格恰恰意味着视而不见，故意忽视疑问与可能。

一旦下定决心，即使面对最有力的反对意见，依然像聋了一般，这就是坚毅性格的标志。也就是说，视情况而定，有意犯傻。

——《善恶的彼岸》，第四章，第107节

此时，我们又回到了本章开篇时的悖论。任何决定、任何力量，都意味着愚蠢行径、视角窄缩、可能性受限，就像一道堤坝，将能量引至某个方向。此为道德观念的优势所在。它强加束缚，武断至极，将我们的生命力量集中到唯一方向上。如果智慧想要变得强大，那它也应全心拥抱生命中那时来时往的愚蠢。如果我们想要探索各种可能性，首先就必须拥有足够的力量。我们必须临时抛弃所有可能，只留一个，然后全心全意地投入进去。从这个意义上说，愚蠢其实是智慧尽可能向前推进的前提条件。

将奴役当作锻炼

无论艺术、科学，还是体育，任何领域的精益求精，都意味着暂时对其他兴趣关闭大门，服从于严苛且不容置疑的规则，不知疲倦地重复一成不变、看似愚蠢至极的程式：重复音阶、不停抛球、仔细研究专业文献的每一个小细节、一板一眼地临摹名画，每次都能长进一点。随着条件反射日渐强劲、意识逐渐入睡，我们的一举一动逐渐获得了意识所不具备的肉体智慧。动作中融入了直觉，能够感知到意识无法察觉的东西，肉体开始思考，不再需要头脑的帮助。如果想从道德观念和传统中学到一点什么，那最应该学的肯定是最令人唾弃的不容置疑、独断专权的纪律。

然而，蹊跷的是，大地上古往今来，能称得上自由、细腻、英勇、舞蹈、娴熟自信的一切，无论是仅仅思想中的，还是掌控中的，抑或谈论与劝解中的，以及艺术乃至道德观念中的，都需要“这种独断律法的暴政”才能发展起来。……这种暴政，这种独断，这严苛而宏大的愚蠢，正是它养育了精神；奴役，无论是最粗俗意义上的，还是最精妙意义上的，对于培养和提升精神而言，都是不可或缺的手段。我们可以从这个角度来看待任何道德观念：道德观念中的“天性”教会人们憎恨顺其自然、过度自由，培养出对狭窄视野、当下工作的紧迫需要——它告诉人们应当收窄眼界，于是，从某种意义上说，这“天性”教会人们，愚蠢是生命与成长的前提条件。

——《善恶的彼岸》，第五章，第188节

尼采毫无保留地谴责“顺其自然”并推崇“奴役”，也就是学者或艺术家投身于不容置疑规则时的那种献身精神。矛盾的是，这里的“奴役”却是获得真正自由的前提条件。自由不会受到选择的困扰，选择困难恰恰是指我们无法抉择导致无力行动。相反，自由意味着懂得如何超越强加于我们的严格限制。诗人之所以能够“发明”新的隐喻，恰恰是因为韵律限制使他必须向远处求索；音乐家的旋律之所以能够让我们如痴如醉、忘记时间，恰恰就是因为他彻底臣服于尺度规则。制约即自由，它与“放慢脚步”异曲同工，迫使能量沿窄路流动并越来越强。可惜，人类总是把自由和权力这两种感觉混为一谈：只有感受到权力，我们才会感受到自由。其实，只有在受到某种迫切感控制时，我们才会意识到自己的权力到底能有多大。

对第一个人，迫切感化身为他的爱好；对第二个人，迫切感化身为聆听与服从的习惯；对第三个人，迫切感化身为合乎逻辑的良知；对第四个人，则变成了任性、偏好出轨的心性。可这四位想要寻找意志自由的地方，恰恰是各自最受束缚的地方：就像蚕想要在吐丝中寻找意志自由。为什么会这样？很明显，在生命体验最强烈的地方才最有自由感，因此，如前所述，有时是在爱好中，有时是在服从中，有时是在认知中，有时是在任性中。

——《人性的，太人性的》，第二部，第2章，第9节

现在，我们可以回答开篇时提出的那个问题了：从道德枷锁中解放出来之后，如何再从这种“解放”中解放出来？如何治疗这“枷锁之病”？正如《人性的，太人性的》中的那句著名箴言：我们必须学会戴着锁链跳舞。只有沉重的锁链才能教会我们轻盈的步伐，让我们学会回旋、风度、戏谑。

正如之前所说，看起来，“既适用于天上也适用于地上”的关键就是长期服从同一方向：那些值得在地上活一遭的东西，比如心无旁骛、艺术、音乐、舞蹈、理性、灵性——任何升华的、精致的、疯狂的、神圣的，都是这样产生的，也将继续如此产生。

——《善恶的彼岸》，第五章，第188节

在拒绝道德观念的无名枷锁、群居动物的普遍镣铐之后，我们必须找到只属于自己的那根锁链，找到自己独

一无二的内心迫切需要。我们必须发现自己的命中注定、自己的宿命安排，发现那无法抗拒的激情。正是在这股激情的推动下，我们才会对现状感到不满，迫切地想要成其所是。

哲学—行动

1. 您是否习惯于遵守极为严格的纪律、过着条条框框的日常生活？您是否严格遵守价值观或禁令？给自己几天时间，彻底摆脱这些枷锁。您是否想念它们，是否感到不安、迷失方向，是否无法组织并引导自己的能量？如果您的回答是肯定的，而且您认为自己的确需要依托纪律，那么您是否确定自己需要的就是旧的规则、旧的枷锁？或者您也可以利用一下这新生的无拘无束、迷失方向，从中设想出一种新的纪律，一种专门为您量身打造的支撑。

2. 面对艰难决定、良知谴责、丧亲之痛时，请尽量不要去思考，不要去拷问您的意识。相反，应当依靠更强大的理性——您的身体。休息、睡眠、运动、注意饮食，不要总去思考那个问题。几天之后，问问自己：您的身体想要做什么？也许，通过休息和锻炼，您的身体便能找到解决问题的资源，引导您走向正确的方向。

3. 您是否觉得需要为自己的精神状态、情感、激情找到一个解释？您是否认为寻找合理解释这一过程有助于您掌控激情？您真的能做到吗？以后，请尝试不要去破译自己的情感，不要去解释它们。与其去尝试搞懂它们，不如问问自己：您能用它们来做些什么？您可以利用这种情感能量（包括痛苦）生产、创造、改变些什么？

4. 您是否曾花费许多时间自我辩解？换种方式，让自己不再需要辩解，遵循特定方式，让行为不证自明。

5. 训练自己获得一些不假思索的行为，能够在不思考、不监督自己的情况下做事，让您的行动、反射行为更加有把握，更加依靠直觉。给自己设定一些严格限制，以娱乐为目的也未尝不可，尝试让自己获得新的本能，经过努力，它终将变成您天性中的一部分。

忘却自我，以期更好的自我发现

尼采重视放慢脚步和本能无意识，将它们视为力量的载体。懂得这一点之后，我们再去看他对古希腊诗人品达诗句“成你所是”的诠释，就能理解其中的原创性。这诗句明显自相矛盾，令人费解：既然我希求改变，想要成为与现在不同的样子，那为何还要成我已是？为什么不能满足于我之所是？为什么要把那纯属假设的生成当作目标？这诗句在时态上存在矛盾，听起来相当荒唐，但也更加令人回味无穷。

成其所是始于自知？

人们曾尝试把这个矛盾与另一条古希腊箴言联系在一起，这就是德尔斐阿波罗神庙三角楣上的铭文：“认识你自己。”

从苏格拉底到弗洛伊德，西方传统似乎一致认为，我们并不真正自知，所以尚非己之所是。为了寻获自己的真正身份，必须进行漫长、耐心的努力，重新回忆起、意识到、逐渐照亮我们灵魂中藏于地下的那部分。弗洛伊德将尼采视为精神分析学说的前身，认为他强调了无意识在个人身份构成中的重要性。

所以，我们可以认为，尼采所表达的就是精神分析的核心内容。的确，尼采写道：

> 我们所有有意识的动机都是表面现象，背后是我们冲动与条件之间的斗争，是对权力的争斗。
>
> ——遗稿，1885年，第1组，第20条

寻获自己的身份，是否意味着必须穿透表层意识，去了解那决定己之所是的无意识斗争？的确，我们的个人身份就处于这一层面上。我们是由冲动和本能构成的一张网。和谐态势或好或坏，组织水平或松或紧，能量程度或高或低，冲动与本能之间的高下排次决定了我们的个性。

作为人类，为了实现自我，必须照亮自己内心深处的那片斗争吗？或者，应当让这个过程在我们的视线之外顺其自然地发生吗？

期待己之所是，才能成其所是

尼采说，获得个人身份的关键并不在自知，而在意愿。

这是他给出的第一条线索。

想要一个自己。——有所作为的积极天性并不遵从“认识你自己”这句箴言，而是似乎接到了头脑中的这条吩咐：想要一个自己，就要变成某人。命运仿佛再次让他们选择；而那些沉思的非积极天性还在思考走入生命时他们曾经做出的唯一一次选择。

——《人性的，太人性的》，第二部，第1章，第366节

依靠自知永远无法实现自我。认识总是后知后觉的，是对已发生之事的陈述或思考。想要成其所是，就必须去雕琢自身冲动这块原材料，去梳理自身情感这块混沌，去历练喷涌而出的欲望。也就是说，在构成我们的那束四散的意志之上，箍上一条更为强大的意志。光靠自知，无法成其所是。

忘却你自己！

甚至还会让情况可能更糟：自知之明不仅无法帮助我们建设人格，甚至还会造成伤害。此时，尼采与整个西方哲学史传统彻底决裂（尽管他本人并不知道，但其实他的思想更接近庄子的道家

哲学)。他认为，如果想要建设自己的人格，最不能做的就是了解自己。“自我意识”是自我实现的头号大敌。

成其所是意味着对己之所是完全没有任何预想。

——《瞧，这个人》，“为什么我这么聪明”，第9节

意识只能扭曲己之所是。用意识去处理信息，就像是用理性的聚光灯照亮混沌的感觉与浑浊的冲动，从而歪曲并摧毁我们内心世界的真实。正如量子力学所说，观察这一行为本身会导致被观察现象发生改变。意识也会影响我们心中由冲动与本能构成的那个小宇宙。意识会压平我们的内心世界。事实上，它只能抓取到我们最表层的东西，抹去我们生命中最独特、最个性的东西。

意识会扫空内心世界的独特

意识并非放大镜，我们不能用它去探索内心世界；意识是大门，是与外部世界沟通的工具。因此，用意识去观察自己，只能抓取到自己与他人相像的那部分。也就是说，通过意识看到的自己，只是我们能够与他人沟通的那部分。

由此可见，我认为，意识并非人类个体存在的一部分，而是人类群体集体属性的那部分；……只在需要在集体中使用时它才会精细发展，所以，尽管我们每个人都希望尽可能理解个体意义上的自己，希望“认识你自己”，但是只能意识到自己非个体的那部分，也就是自己“平凡”的那部分，从某种意义上说，意识之特质——意识中占主导地位的“物种之精灵”——将我们的思想边缘化，并以群体视角对其进行重新阐释。从根本上说，我们的所有行为都具有无可比拟的个性、独特性，拥有无穷无尽的个体性，这一点毋庸置疑；然而，一旦我们用意识去阐释这些行为，它们就不再是个性了……

——《快乐的科学》，第5章，第354节

我们的意识有一个很大的缺陷：如果不用词语给感觉打标签的话，我们就无法思考。但是，感觉都是个人的，而词语是大众的，我们使用词语的原本目的在于与他人进行实际生活中的必要沟通：“请把盐递过来”“一公斤牛排多少钱”“今天天气不错”……如果想谈论私人情感，如果想谈论属于自己的爱、恨、希望，那就只有些粗制滥造的百搭词——爱、恨、希望。尼采写道：“每个词都是一种偏见。[1]”如果抛开语言的条条框框、模式与简化，我们就无法思考。

只有当我们手边有那些能够大概表达自己思想的词语时，我们才会形成思想。

——《朝霞》，第4章，第257节

因此，用意识来观察自己，其实就是拒绝自己，把自己的个性换成了统一制作、符合标准、被笼统语言管束的形象。如此看来，通过意识来探知自己的使命，这种不成熟做法必然把我们引入歧途。它会把我们引入由语言事先规划好的道路，即集体的道路。

必须让整个意识表面——是的，意识即表面——不受任何大指令的污染。甚至还要当心所有大词、所有高姿态！本能过早地“了解自己”同样危险。慢慢地，那以掌控为使命的组织性“思想”越变越大，它开始发号施令，慢慢把人从歧路和迷途中拉回来，准备好分离的品质和能

1 遗稿，1883年，第12组，第1节。

力，总有一天会发现这些品质和能力是不可或缺的整体手段——早在透露任何主导性任务、“目标”、“目的”、“意义”之前，它就已经有条不紊地培养起服务的能力。

——《瞧，这个人》，“为什么我这么聪明”，第9节

用文字或图像来描述我们的感觉、我们尚在萌芽的欲望、我们未来志向的浅影，其实就是把它们扼杀于萌芽状态，用常规观念来绞杀它们。留一点时间给我们的欲望，让它们找到自己的路；留一点时间给我们四处散佚的冲动，让它们互相交织成更加全面的项目。想要实现这一点，就必须把它们留在阴影里。任何自愿的、有意识的、刻意的干预都会让冲动的暗流奔涌过早干涸，让创意的激流过早凝固。任何干预行为都会把我们的欲望过早推向单一方向，而那里很可能是死路一条。

在徘徊中找到自己的方向

尼采总结说，先要有迷失，才能有找回。任何值得毕生努力的项目，全都需要一定时间的徘徊。

事实上，如果我们承认，任务、决心乃至这任务的“命

运”都明显超出常规能力所及，那最危险的事莫过于想象自己去接受这样的任务。……由此看来，对存在的鄙视有其意义和价值，就像偶尔走上的迷途和歧路、迟疑、“审慎”、对那个任务之外的其他任务所表现出的认真。这里可能表现出一种大智慧，甚至是最高的智慧：这里，“认识你自己”是走向毁灭的方式，而忘记自己、鄙视自己、小瞧自己、瞧扁自己、看不起自己却会成为理性本身。

——《瞧，这个人》，“为什么我这么聪明”，第9节

路上会出意外，竹篮打水一场空；暂时失去方向，顿觉幻灭；一拖再拖，犹豫不决……这些都是构建自我的必要步骤。

有时，必须分散精力，必须看似任性地换个工作、专业、爱人；另外一些时候，则必须把自己锁定在一种活动、一种单调关系中，在不断重复中埋头苦干。每一次，我们都在做准备，为了迎接自己仍不知晓的未来任务，尝试不同方式，磨炼必备技能。

发现自己的不可救药之处

我们越是徘徊、分散，越是觉得自己在变化，就越能

察觉到那个不变的东西：在我们身上，有些东西是不变的，但需要多次蜕变才能显现出来。不断探索所有可能性之后，我们必然会遇到一个不可能。这个不可能是如此沉重，以至于初时我们甚至都不愿承认。尼采认为，我们本性中这个不可改变的障碍，就是命运，就是宿命安排。如果命运的确存在，如果有这么一条路，从出生之始将一切安排就绪，那么它就在我们的本性里，在我们的性格里。但是，究竟是什么决定了我们的性格？与其说是我们的力量或智慧，不如说是我们本性的弱点：那个我们无法克服的盲点，那种无法修正或弥补的愚蠢形式。发现自己的宿命安排，就是找到那个不可救药的性格特征。那个缺陷，那个限制，就是我们的骨架。

但在我们灵魂深处，在“最下层”，一定有某种拒不学习的东西，一块花岗岩，它是精神上的宿命安排，是对预先选定问题的预先判定与回答。对于任何重大问题，都会回一句不变的“我就是如此”：例如，对于男人和女人，思想者无法修改他已经习得的东西，只能按照自己的思路继续学习。……一段时间以后，在他的“信念”里便只剩下通往自知之明的足迹，只剩下标示己之所是的路标，准确地说，这路标指向我们的大愚蠢，我们精神上的宿命安排，我们那拒不学习的“最下层”东西。

——《善恶的彼岸》，第七章，第231节

宿命安排决定了我们是谁，命运写就了我们的性格特征。无论我们多么努力，都无法改变它。此时，我们应开始组织自己的冲动——这个占主导地位、永远不变的冲动令其他冲动臣服。从无序且零散的内在状态中，诞生出一种秩序、结构、主次先后，它们互相扶持、互相补充。坚强个性与软弱个性之间的区别就在于此。软弱者受制于自己的冲动，而他的冲动相互争斗、相互抵消；坚强者有占主导力量的激情，受它所驱使，所有次要冲动退居二线。尼采写道，肉体是由许多灵魂组成的社会结构，而每一个灵魂也是“无数冲动与情感的社会建构”[1]。

栽种激情

发现能够全心投入的激情之后，本已无可救药的生活

1　《善恶的彼岸》，第一章，第19节。

也能重新步入正轨。多少年轻人，曾处于毁灭边缘，曾在学业失败、沉迷毒品、无所事事之间游荡，但在找到自己人生志向的那一刻，不费吹灰之力便重新振作起来。美国小说家詹姆斯·艾尔罗伊（James Ellroy）在《我心中的阴影》[1]一书中曾记录自己的人生，堪称对尼采观点的完美诠释：母亲被残忍谋杀，父亲去世，艾尔罗伊十几岁便无家可归，成了小混混，酗酒、吸毒，慢慢陷入地狱，持续十年之久。在那段时间里，他醉心于机场小说，沉浸在折磨、谋杀女性的色情幻想中，沉迷于无法破解的谜案“黑色大丽花”，并没有注意到黑色大丽花的命运与他母亲一模一样。有一天，他找到一份上午上班的工作，在高尔夫球场当球童。于是，他开始每天下午写作。直到这时，他才意识到，在流离失所的那些年间，不知不觉中，他一直在磨炼写作的艺术，一直在毫无意识的情况下创作着自己的小说。从那一刻起，他停止了喝酒吸毒。

总会有一种激情，比摧毁我们的那些激情更强大。有了这新的重心，我们就可以根据自己的喜好照料、安置、编织、美化那些摧毁性的激情，主动建设工作由此起步。

1 詹姆斯·艾尔罗瓦，《我心中的阴影》，群众出版社，2001。

以此为基础，我们就可以自由绣出个性图案。打开我们自由空间的，恰恰是那无法抗拒，是那宿命安排。

可由我们选择的：我们可以像园丁一样照料自己的本能，可惜很少有人知道，本可以栽下愤怒、同情、钻牛角尖、虚荣的种子，让它们茂盛生长，在棚架上结出甜美果实。

——《朝霞》，第5章，第560节

园艺、植物生长、育苗，这是尼采在论述个人发展、自我雕琢时最喜欢用的比喻之一。对待激情，不能像对待野生动物那样——阉割、鞭笞、拴上锁链，而应当像对待植物一样浇水、修剪，在阳光和阴凉之间找到正确朝向，用桩子引导它们，为它们正确施肥。驯服动物的目的是削弱和制服；而养育植物则不一样，目的是促进其生长。要懂得如何安排人格的各个方面，使它们能够相互加强。

在个人的缺陷上播种和收获。——卢梭那样的人懂得如何利用自己的弱点、缺陷和恶习，仿佛这些是自己才华的肥料。[1]

——《人性的，太人性的》，第一部，第9章，第617节

我们必须认识自己的弱点，把它当成强加给我们的律法[2]。不过，我们也可以选择把这些弱点当作艺术构图的元素：有的能推动我们，让我们把个性中的优点发展得至善至美，有的可以突出与它对立的性格特点，有的则可以在奋发之后证明休息是正当的。懒惰能够促使我们发展出自己的智慧（懒惰成为智慧的肥料），吝啬能够促使善良这一品质更加突出强大，幼稚能够在展现幽默之后带来令人心怡的彻底放松。

谱写人生

谱写自己的人生，就像作曲一样。我们的人格中有一些突出特征。特征再少，我们也能以充满吸引力、耐人寻味的方式去组合它们。例如，贝多芬的旋律想象力并不突出，然而他懂得如何利用令人沮丧的主题编织出迷人乐

---

1 中文摘自：尼采，《人性的，太人性的》（上），魏育青译，华东师范大学出版社，2008。——译者注

2 《朝霞》，第五章，第218节。

谱,《第五交响曲》开头那四个音符便是如此。艺术家能够主宰生活，靠的不是自己的丰富人生，而是他们组织原材料的方式。由此获得的作品，整体而言超越任何细部。艺术家的天赋和努力可以把平庸的灵感变成杰作；我们也可以组织自己的激情与弱点，令我们的整体人格比部分人格更加有趣。

凡此种种，我们都应向艺术家学习；岂止学习，我们应比他们更聪明才是，因为他们美好的力量一般是随着艺术的终止而终止，我们呢，我们要成为生活的创造者，尤其是创造最细微、最日常的生活。

——《快乐的科学》，第四卷，第299节[1]

有必要“赋予性格一种‘风格’”[2]。在这方面，我们还是可以自由选择的。有些人喜欢严格、几何、古典风格、中规中矩，希望一切都受制于可支配性计划；另一些人则更愿意把自己想象成野性自然的一部分，恣意生长、不受约束、无法预测。尽管我们终有一些无法逾越的限制，但在

1 中文摘自：尼采,《快乐的科学》，黄明嘉译，华东师范大学出版社，2007。——译者注

2 《快乐的科学》，第四卷，第290节。

诠释自身存在时我们仍有一定的自由。重要的是，对结果随遇而安。

有一件事是不可或缺的：通过这样或那样诗意视角也好，通过这种或那种艺术也罢，应当想办法对自己感到满意：只有这样，才能有个还能忍受的面目！对自己不满意的人总是随时心存报复：旁人都会变成他的受害者，不得不总是忍受他那丑陋的面目。正是看到丑，让一切变得糟糕、阴沉。

——《快乐的科学》，第四卷，第290节

新的问题随之产生：我们希望自己的生活是什么样的？我们要如何雕琢自己的性格？我们想从生命中得到些什么？对于我们的激情，我们想要什么样的——秩序或无序、和谐或对立？现在，由尼采本人来提出关键问题。

关键问题

典型的自我塑造，或八个主要问题：

1. 我们想要更加复杂，还是更加简单？

2. 我们想变得更加幸福，还是更加漠视幸运与不幸？

3. 我们想变得更加满足，还是更加苛责较真？

4. 我们想变得更加灵活、包容、有人情味，还是更加“冷血”？

5. 我们想变得更加聪明，还是更加无情？

6. 我们想达成某个目标，还是避免任何目标（就像哲学家那样，他怀疑每个目标都是限制、死角、监狱、犯傻……）？

7. 我们想得到他人的尊重，还是叫人害怕，或者被人蔑视？

8. 我们想成为暴君，还是花花公子？想成为牧羊人，还是牧群里的羊？

——遗稿，1888年，第15组，第115节

爱敌人

力量不是内心平和，也不是没有矛盾、紧张、汹涌激情。强势人格既需要一支占主导力量的激情，也需要许多互相矛盾的激情，需要内心斗争来增加、滋养激情的能量。我们的主导激情需要有对手，只有这样才能在挑逗、煽动、

挑战中保持清醒并施展全部力量。

最智慧的人一定是最矛盾的人，他的感觉器官似乎能够触碰到所有人类个体：而在这一切之中，偶然会展露出恢宏和谐瞬间——那可遇而不可求的巅峰，在我们身上也有！

——遗稿，1884年，第26组，第119节

大风格，意味着主宰自己的混沌

智慧，不只是统一，更是最广阔多样繁杂的统一。它不只是秩序，更是最错综无序基础上的秩序。它不只是和谐，更是最深层不和所带来的和谐。这样看，我们才能更好地理解查拉图斯特拉的话：“必须内心混沌，才能生出耀眼之星。”内心平和，也就意味着没有创造力，无法激励生命。我们需要无序，才能创造新的秩序；我们需要多余，才能定下节制尺度。创造力是对四溢混沌的塑造，原始的混沌与雕凿这混沌的纪律同等重要。混沌推动着我们，迫使我们为它找到一种形式。

所以，人类的伟大既不在于冷静的智慧，也不在于野蛮的激情，而在于对激情的掌控：激情越汹涌澎湃，掌控激情的能力就越加强大。

这大风格与大激情之间有个共同点，它不屑于取悦，它不懂得说服，它命令，它想要……成为自己这团混沌的主宰，迫使自己的混沌生出形来，成为有形之中的必然：有逻辑、简单、明确、符合数理，成为律法——这就是伟大抱负。

——遗稿，1888年，第14组，第61节

因此，我们不仅要学会控制心中的沸腾，把它变成一种艺术形式，同时也要学会创造并维持这团沸腾。我们需要鞭策，才能保持清醒；我们需要冲击，才能创造内心激荡；我们需要反对、需要抵抗，才能激发自己的力量。

知恶才能为善

将对抗视为所有自我建构的动力，之后我们就能明白，如果没有深层次恶习的推动，美德就会无处施展身手；如果没有恶的激励，善就会瘫软无力。尼采认为，人的善与恶密切相关。如果我们没有能力“作恶”，如果我们缺乏必要的无畏、洞察力、毅力，那我们也没有能力行善。幸福与痛苦是一枚硬币的两面，善与恶也是如此。为了更加向善，也要更加向恶。

可是对人跟对树，道理却是一样的。它越是想往高处和亮处升上去，它的根就越发强有力地拼命伸往地里，伸向下面，伸进黑暗里，伸进深处——伸进罪恶。[1]

——《查拉图斯特拉如是说》，第一部，“山上的树”

道德观念想要让人变得更文明，想要打击邪恶力量，于是它攻击激情，将其视为人类邪恶的根源。但由此培养出的人，是文明、理智、柔和、冷静的人，也是扁平、瘫软、被砍去身体重要部分的人。尼采说，有德行的人，就是“半身不遂”的人。让邪恶的那一半瘫痪，人就不再充满力量、不够敏捷，无法施展善良的那一半。无论是作恶还是行善，所用能量和才智是一样的。事实上，与作恶相比，行善需要的能量更多，因为它需要升华并克服有害的激情，同时吸收其能量。

……善行和恶行之间并无本质上的区别，充其量只有程度上的差异。善行是得以升华的恶行，恶行是粗俗化、

1 中文摘自：尼采，《查拉图斯特拉如是说》，钱春绮译，东方出版中心，2021。——译者注

愚昧化了的善行。[1]

——《人性的，太人性的》，第一部，第2章，第107节

所以，我们必须停止恐惧，不要害怕那最具破坏性、最邪恶的激情。扼杀它们，就是给我们的力量乃至我们自己戴上镣铐。

尼采认为，与其阉割自己，不如把坏倾向当作好倾向的肥料。如果想要肯定生活，必须同时接受它的黑暗面或破坏性，承认内心深处否定的那部分。愤怒、嫉妒、贪婪，甚至残忍和怨恨，它们都是强大的动力，可以促使我们升华这些激情。

释放激情，成为“温柔的野蛮人”

这并非拒绝人类社会的历史进步。五百年来，西方社会将杀人率降低了50倍，对任何形式的暴力或残忍行为概不容忍，废除了死刑，给残疾人尊严，保护受到家暴的妇女和儿童。文明进步令激情不再横冲直撞，于是我们可以将这种安逸生活视为新的机会、新的条件，帮助我们卸下

1 中文摘自：尼采，《人性的，太人性的》（上），魏育青译，华东师范大学出版社，2008。——译者注

枷锁，为激情留下更多选择空间。人已经不再是“害人的狼”，于是，我们可以再次展露身体内沉睡的野性。

人类最强大且最危险的激情，那些最容易摧毁他的激情，已经被系统性取代，甚至已经无法出现最强大的人，即使有这样的人，他们也会觉得自己是邪恶的、有害的且应被禁止的。这损失是巨大的，但到目前为止的确是必要的：如今，随着这些激情（渴望称霸、偏好伪装和欺骗）被暂时压制，大量相反力量被唤醒，释放再次成为可能：它们将不再似之前凶猛。我们允许自己有温和的野蛮行为：让我们看看那些艺术家和政治家。

——遗稿，1885年，第1组，第4条

在暴力野蛮和胆小、按部就班的文明之间，还有另一种选择——温柔的野蛮行为。我们要野蛮，即不受文明规则的约束，为自身激情提供充分的空间，但我们将温柔行事。我们将这些激情——包括最暴力的激情——精神化、升华、美化。道德观念本想让人变得更加温和，但是也导致人变得冷淡，甚至冰冷。尼采说，现在是重新发现热带地区的时候了，要把丛林重新引入道德，向热带人让位[1]。

在深渊边上跳舞

丛林人明白危险的重要性。他知道，危险不仅能增强我们的力量，还能减轻我们的负担。因此，想要治疗忧郁、形而上学的无尽思考、存在主义的胆怯，刻意寻找危险是最好的补救方法与解药。

> 那么，相信我！如果想让生活变得更加丰饶、快乐，秘诀就是：险中求生！把你们的城市建在维苏威火山边上！把你们的船开进未知海域！与你们实力相当的人、与你们自己开战！
>
> ——《快乐的科学》，第四卷，第283节

有理由，力量才能得到发展。所以，在生活中，我们需要危险和威胁。危险能够迫使我们走向坚强。如果不接触

1　巴西热带主义运动的四位歌手——加尔·科斯塔（Gal Costa）、玛丽亚·贝萨尼亚（Maria Bethânia）和其兄弟卡埃塔诺·维罗索（Caetano Veloso）以及未来当了部长的吉尔伯托·吉尔（Gilberto Gil）——曾将他们的四人组合命名为“温柔的野蛮人”（Os Doces Barbaros），当然不是巧合。
《善恶的彼岸》，第五章，第197节。

危险，我们就永远不会了解自己的防守能力、敏捷、才智。

在这里，尼采受到司汤达的启发。在讲述罗马、那不勒斯和佛罗伦萨旅行经历时，司汤达曾说，正是“没有危险的街道使我们变得如此渺小”。事实上，那些曾在波哥大或加拉加斯大街上行走过的人都会知道，对危险的感知能够让人变得更加敏感、快速、轻盈。在威胁的刺激下，人们长出翅膀：脚跟几乎不沾地面，目光如炬。危险的存在教会了人们如何在深渊边上跳舞。钢丝启发我们创造独特的舞蹈，峭壁教会我们敏捷和轻盈。笨重的靴子根本无法避免我们落下悬崖，唯一出路是学会用脚尖轻踩绳索。

这是否意味着政治家们应当把罪犯放到街上？制造不平等以激起更多暴力？宣布新的战争、为力量和自我超越创造条件？尼采有时似乎暗示了这层含义，这也许是挑衅，也许是想撼动我们的思维方式。他认为，必须险中求生，但他所说的并非冒死求生，而是鼓励探索未知、尝试新想法。尼采对奴隶制的赞美只是一种比喻手法，真正意思是指自我约束。同理，他所说的危险、战争、敌意，是指我们的内心世界，而不是社会或政治现实。

例如，尼采解释说，伟大的散文家必然是诗人，因为文学风格恰恰诞生于散文与诗歌之间的斗争。“战争是一切美好事物之父，也是优美散文之父！”[1]内在矛盾、两个极端之间的紧张局势，两种价值观、不同愿望之间的对立，就是创意的诞生之地。

敌意的美德

为了产生紧张感，我们需要敌人。敌人的作用是唤醒我们，所以必须注意，不要战胜、毁灭它们，否则他们就无法继续发挥作用。

此外，也不能否认自己的敌人，不能憎恨它们。

因此，尼采为基督教“爱敌人”这一戒律赋予了新的意义——“爱敌人”说明最暴力的激情也能得到精神升华。

对感性的升华叫爱：这是与基督教斗争中的一次伟大胜利。另一场胜利是我们对敌意的升华，这意味着人们深刻理解了“拥有敌人”的价值。于是，此时的行动和思考方式与之前的行动和思考方式背道而驰。一直以来，教会想要消灭它的敌人，而我们这些非道德家与敌基督者，我们

1 《快乐的科学》，第二卷，第92节。

的优势就来自教会的存在。……针对“内心的敌人”，我们的态度并无不同：我们也对敌意进行了升华，也领会了它的价值。这就是丰饶的代价：时刻有斗争，想要永葆青春，必须要灵魂不犯懒且不求和平……

——《偶像的黄昏》，“作为反自然的道德”，第3节

当教会呼吁“爱敌人”（尽管现实生活中教会的做法是严厉迫害）的时候，实际上是希望我们用爱去拯救敌人，也就是让他们归信基督教。爱敌人，就是为了让他们不再是敌人——要么让他们本人消失，要么让他们的敌意消失。然而，尼采的要求恰恰相反：爱敌人意味着对他们的敌意心存感激，感谢反抗、挑衅、刺激我们的东西。因此，不应该以任何方式憎恨、压制甚至削弱它们。

应当将敌意、歧视和骚扰视为机会。它们是完善本能、发明新的防御手段，是展示自己优越性的好机会。对许多爵士乐手来说，针对美国黑人的种族主义不仅是磨难，更是激励，激励他们创作出比迫害者更有力、更复杂、更深刻的音乐，让迫害者只能粗劣跟风。对同性恋的恐惧也启发了一些伟大作家。例如普鲁斯特（Proust），他不再把自己的同性恋倾向隐藏在对人类非传统性取向的分析上；例如热

内（Genet）和帕索里尼（Pasolini），他们利用自己的身份对社会进行更加激进的批评。在社会层面上打击各种形式的歧视的确是合理的，但同时也必须懂得如何从个人生活的障碍中获得灵感，而不是变得怨天尤人。

因此，我们必须学会选择敌人，同时尊重公平有益战争的原则。

> 我的战争实践归纳为四个原则：第一，我只攻击那些战果辉煌的对手——也许我可以等到他们取得辉煌后再出击。第二，我只在找不到盟友、孤立无援、有损自己名誉的时候才向对手发起攻击……第三，我从来不搞人身攻击，我只把个人当作高强度的放大镜，借此可以看清一个普通的潜滋暗长、难以把握的困境。……对我来说，攻击是友好的证明，或许也是感激的证明。我把我的名字与某人的名字、某事的名称连在一起，以此表示我的尊敬和嘉奖。[1]
>
> ——《瞧，这个人》，“我为何如此有智慧”，第7节

因此，尼采式战争，其目的并不是“赢”，而是增强我

1 中文摘自：尼采，《瞧，这个人》，黄敬甫、李柳明译，团结出版社，2006。有改动。——译者注

们自己乃至敌人的力量，这里的敌人包括内心世界的敌人。不要去压制暴力或病态的激情，不要去压制自己的焦虑、不切实际的愿望——我们对自己的雕琢，正是在与这些魔鬼进行斗争的过程中完成的。正是在与生命阴暗面对抗之时，在与死亡、痛苦、愚蠢、邪恶面对面交锋之时，在与自己的软弱和懒惰斗争之时，人被迫挖得更深，展现出自己最优秀的一面。

哲学—行动

1. 在自己的个性、品位、价值观、野心或才能中，您是否察觉到任何矛盾？您是否觉得这些矛盾让自己不知所措，于是试图抑制或掩盖它们？换一种思路，试着强化这些矛盾：拥有它们是种运气，能够借此获得更加丰富的人格。问问自己：如何利用这些矛盾的活力？在夺取控制权的过程中，如何变得更加别出心裁？为解决内心矛盾，如何才能找到一个更加独特的方式？

您是否害怕自己内心的暴力？您是否会害怕做坏

事？您是否害怕自己臣服于邪恶激情？您是否因此试图打击这种暴力？换一种思路，问问自己：如何利用这种能量来推动心灵构建？

2. 您是否系统性地避免所有危险，爱情、职业、思想中的危险？不要逃避危险，尝试、直面、铤而走险，看它如何为您带来灵感、激起新的行为、释放新的能量。危险的刺激是否让您更轻盈、更警觉、更敏捷？

3. 对待敌意，您的态度如何？您是否期望没有敌人？是否想彻底消灭他们？回想每一个曾以某种方式反对、挑战、阻碍您的人，问问自己：您从这种对抗中获得了什么？每当他人的敌意让您满心仇恨的时候，想一想敌人如何让您感到充实、得到加强，尝试心存感激。

4. 有意识地选择敌人，就像在体育竞技中选择对手一样。选择敌人时，对事不对人，选择一个能够代表某种想法且能对您的攻击做出回应的人。选择已经胜出的理念当敌人，一定要独自作战，不要伤害无辜，原则上不要加入暴徒群体。

第四章

探求“存在”的意义

转 瞬 即 逝 的 永 恒 之 处

艺术比真理更重要

爱敌人是美化现实的一种方式，是从丑陋和敌对中解脱出来的一种形式。在艺术和生活中，尼采推崇“大风格”。这大风格，既是宏伟激情在冲动之战中的终极胜利，也是形式之美对丑陋现实的升华。尼采用几个词概括了这一点：

> 大风格诞生于美丽战胜丑恶之时。
>
> ——《人性的，太人性的》，第二部，第2章，第96节

在剧院或电影院里，我们会看到美狄亚杀子的情节，或者《教父2》中迈克尔·柯里昂弑兄的场景。对我们来说，与海蒂[1]在瑞士阿尔卑斯山鲜花牧场中的冒险故事相比，这些情节不仅更有意思、更有教育意义，同时也更美丽、更能深深打动我们。让我们津津乐道的，并不是剧中呈现的可怕情节，而是呈现之美与内容之恐怖二者之间的那种张力。同样，生命之所以丰富，并不在于一帆风顺，而在于我们用何种方式应对最沉重悲剧。

1　系列童书《阿尔卑斯山的少女》的主人公。——译者注

理论悲观主义与实践乐观主义并不相左

因此，基于“肯定”的哲学并不是心无旁骛的乐观主义，它并不排斥悲观主义。叔本华认为，存在是残酷的，其残酷性具有盲目、荒谬的特点。他的这种看法以及他的悲观主义确实是所有严肃哲学的起点。然而，悲观真相是否注定为我们引来致命后果？在悲观的同时感到快乐难道不可能吗？理论层面上对世界的理解与实践层面上的行动，这两者之间的区别，我们必须学会分清。关于自己的第一本书《悲剧的诞生》，尼采曾经说道：

我们可以看到，在这本书中，悲观主义——确切地说是虚无主义——与真相同等重要。但真相并不等同于最高价值标准，更不是最高权力。表象、幻觉、欺骗、转变、变化（客观欺骗）的意志在这里比真理、现实、存在的意志更加深刻、原初、形而上——后者本身只是一种对幻觉的意志罢了……

这样说来，这本书其实是反悲观主义的：因为它教导的东西比悲观主义更为强大，比真理更加“神圣”。

——遗稿，1888年，第17组，第3节

尽管现实是可怕的，真相是令人沮丧乃至绝望的，但它绝非一切。有一种人类活动比知识更关键，有一种价值比真理更崇高，这就是人类发明、想象、创造、编故事的能力。很多时候，谎言比真相更有价值，因为它能让我们产生活下去的意愿，让我们不甘心败下阵来。

能否承受真相取决于力量强弱

撒谎即软弱，是无法面对现实的表现，是推卸责任的方式。事实上，道德或宗教理想主义的谎言——发明一个超自然虚幻世界，目的恰恰是安慰我们，因为我们无法面对生存中不可避免的痛苦。从这个意义上说，对待真相的态度是对自身力量强弱的考验。

灵魂能够承受、直面多少真相？我越来越觉得，这才是真正的价值标准。谬误（相信理想）并非出于盲目，而是出于胆怯……知识领域的任何胜利、进步，来自勇气、试炼、坦然面对自我。

——《瞧，这个人》，前言，第3节

因此，谬误或真相，与其说是方法问题，不如说是勇气或怯懦问题。真相让人害怕，有些人太软弱，不敢承认。探索真相意味着毫无保留地直面自己的愿望，直面自己对确定性和安慰的需要，而谬误则总是来自对不可承受之重的逃避。不过，在其他书中，尼采似乎给出了相反的说法：生活在真相中并不难，难的是生活在谎言、幻觉、表象中。

……度量力量时，要看我们能在多大程度上承认现实的表象性、谎言的必然性，同时还不崩溃。

——遗稿，1887年，第9组，第41节

真相和谎言，哪个更难令人接受？事实上，两者并不矛盾：无论是面对真相还是接受幻觉的不可避免性，这其中所需要的力量和勇气都是一样的。正因为真相模糊、难以捉摸且残酷，所以人类才别无选择，只能用或多或少的安慰、生动谎言来修饰和简化。

生活必须要有谎言

没有谎言就无法生存，这是人类现实中最可怕的一面，也是软弱灵魂不愿面对的事实。信仰就像浮标，帮助我们浮在水面上，避免被痛苦事实淹没。我们必须依靠谎言生存，这一点，我们是否有力量承认？

在这里，并不存在真实世界与表象世界的对立：只有一个世界，它是虚假的、残酷的、矛盾的、诱人的、无意义的。……我们需要谎言才能战胜这个现实、这个“真相”，也就是说，我们需要谎言才能生存……谎言是生存所必需的，这与存在的可怕复杂属性有关……

——遗稿，1887—1888年，第11组，第415节

我们的所有信仰、所有知识、所有再现体系，在某种程度上都是谎言。根据自己的需要扭曲现实、简化复杂的感知并将它归入易于管理的类别，我们能做的只有这么多。视觉等感知系统是巨大的过滤器，只保留有用的信息。语言将丰富多彩的感觉简化为几个小题大做的词语，根据粗略的语法框架诠释我们的行动。

谎言之间并不等同

分析科学、宗教、艺术之间的差异时，我们会意识到，不同的说谎方式——简化、颠倒、否认、美化——之间存在着根本区别。科学谎言只对一般真理感兴趣，忽略了具

体案例的特殊性。抽象是科学所特有的，它是一种过度简化：科学所研究的对象——“人”“生命”“全球气温”“物质”，都是通过概括特定情况而获得抽象概念。尽管科学模型对现实进行了模式化处理，但毕竟与现实之间有着一定的相似性。而宗教谎言则不然，它不满足于简化现实，而是要发明与现下宇宙相反的另一个宇宙，以此来否认现实。宗教称死亡为“永生”，称虚无为“上帝”，称软弱为“美德”。宗教告诉我们，现实只是转瞬即逝的幻觉，而那个纯粹虚幻的世界则是“绝对的真相”。可见，宗教谎言是对现实的系统性颠倒。

在我们的主要再现体系中，艺术也许是最不具有欺骗性的。面对现实，艺术既不像宗教那样否认，也不像科学那样简化。相反，艺术令我们的感知更加敏锐。它以有形之物强化人生体验，虽然是虚幻的，却是现实的重复，也有强化和美化的效果。上帝是虚幻的，是不存在且不可能存在的；欧里庇得斯笔下“美狄亚”这个形象也是虚幻的，却是对已存在事物的升华。文学上的美狄亚，是眼见丈夫出轨、杀心毕露的女人，但与现实中杀死自己孩子的母亲相比，她更有尊严、更动人、更凶残。艺术没有否定现实，它是现实的浓缩，更加激烈、更加密集，因此比现实本身更具活力、更加真实。

真相是丑陋的

欧洲人文主义试图说服我们，知识打开了幸福和自由的大门，无知的人是邪恶的，研习真理能够获得美德。然而，这个项目失败了：知识，无论是文化知识还是科学知识，都不能让我们变得更善，也不能为我们带来快乐。对柏拉图来说，“美”是一个方面，是对“善”和“真”思想的敏锐表达，是通向永恒真理的第一步。不过，尼采指出：

> 善与美是一体的，敢这么说就有愧于哲学家称号了。如果他还敢加上“真也是”，就应该被暴打一顿。真相是丑陋的：我们有艺术，才不会死于真相。
>
> ——遗稿，1887—1888年，第16组，第40节

所以，“没有音乐的生活定是个错误”。真理与意义并非同义词。真理本身是没有意义的，甚至是荒谬的。这就是虚无主义的合理之处：现实中的权力斗争出现在各个层面——从病毒和抗体之间的斗争到核军备竞赛，它们没有任何预定目标，无法为人类指明方向。另一方面，人类在

不断产生意义。无论是说话、编故事、做手工、想象、做梦、期待，这些时刻他都在不停地生产意义。意义来自想象，而非探索发现。所以，谎言、错误、幻觉都是人类活动的构成部分。正因为它们，生命才有了含义。

> 谬误使得人变得如此深沉、细腻、富于想象力，以至于宗教和艺术之类的花朵得以绽开。纯粹的认识是做不到这一点的。倘若谁能向我们揭开世界的本质，谁就会使我们所有人大失所望而痛苦万分。并非作为物自体的世界，而是作为表象（作为谬误）的世界如此富有意义，如此深沉奇特，如此孕生苦乐。
>
> ——《人性的，太人性的》，第二卷，第一章，第29节[1]

世界即艺术

艺术创作不仅是人类的基本活动，也是整个自然界的基本活动。科学界和宗教界将现实碎片连接起来，形成一个自认为连贯的有序整体，从而想象出一个宇宙。深陷爱情的人，为心上人赋予实际上并不存在的美好特质，同时

1　中文摘自：尼采，《人性的，太人性的》（上），魏育青译，华东师范大学出版社，2008。——译者注

也为自己的生活带来意义。妄想症患者想象出一个平行世界，充满阴谋和威胁，用意义来掩盖自己的痛苦。

自然作为一个整体，也可以被看作欺骗性与诱惑性表象的无限创造体。只要看看动物和植物王国中多种多样的色彩与伪装就可以感受到：孔雀尾羽上的那道彩虹、变色龙的色彩幻化、兰花花冠的变化万千……在大自然里，张扬之美一直都意味着伪装、模仿、诡计多端，目的是征服或诱惑。尼采正确指出，谎言并非只是我们的信仰。现实本身也是由谎言、诱饵、似是而非编织而成的。世界处于生成之中，这意味着它总是要变成与我们所想不同的东西，此时此刻不过是幻象，即将被下一时刻推翻。然而，尼采并没有如宗教般谴责现实的虚幻，反而将其视为现实艺术本质的证明。大自然具有欺骗性，但它通过创造美来施展骗术。在最深层、最形而上的层面上，世界即艺术。

艺术到底能在多大程度上渗入世界内部？除艺术家之外，还有其他艺术力量吗？众所周知，这个问题是我思考的出发点：对第二个问题，我的回答是肯定的；对第一个问题，我的回答是“世界本身就是艺术”。

——遗稿，1885年，第2组，第119条这一论断也印证了尼采的另一主要论断:“生命即权力意志。”的确,艺术就是这意志最高级、最关键的形式。表达自己的权力,意味着塑形、推敲、放大、缩小、设计、摧毁,然后换种方式重新创造。

醉心于艺术,就是醉心于权力

表达创意、欣赏艺术,其间总是伴随着同样的感觉——醉。在这种状态下,我们的内在能量扭曲了我们的感知,一切似乎变得更加多彩、强烈、浓郁。我们把自己的生命力投射到外界事物上,让它们获得了冷静目光下并不具备的意义。爱存在的时候,我们就能感受到这种醉,这是一切创造性活动的基质。

爱:关于醉的转化能力,还要寻找更加惊人的证据?“爱”就是证明,在世界所有有声和无声语言中被称为爱的那件东西。在爱中,醉战胜现实,在爱情驱使下,原因熄灭,其他东西似乎取而代之——喀耳刻那些魔镜的颤动和闪烁……受到爱情驱使的人更有价值,更强大。……他的整体状况比以往更加富足,比心中无爱的人更加强大、完整。受到爱情驱使的人挥霍无度:他有足够的实力这样做。

现在，他勇敢起来，成了冒险家，变成了宽宏大量、天真无邪的驴子，他又开始相信上帝了，他相信爱情，所以相信美德；另一方面，这幸福的白痴长出了翅膀和新的能力，甚至还有一扇门为艺术打开。

——遗稿，1888年，第14组，第120条

深陷爱情的人的确是头“驴了”，因为他是幻觉的受害者。但这幻觉并没有削弱他的力量，相反，爱的幻觉使他更强大、更有洞察力和创造力。幻觉刺激我们的活力，让权力激荡，便有了醉的感觉。

狄俄尼索斯，即与世界融为一体的醉

尼采区分出两种形式的醉，分别将其归于古希腊的两位神灵——阿波罗和狄俄尼索斯。后者是酒神，是醉的第一种形式。这种醉体现在狂饮醉酒、性行为、足球比赛期间肆无忌惮的人群涌动、节奏感强烈的音乐引起的狂喜上。首先，可以注意到，这是一种失去身份的感觉。人感到自己被更高层次的力量抓住，被扔到漫无边际的能量洪流中，忘却了意识的自我。身体似乎被卷入旋涡，与其他身体融合。然而，酒神狂喜携带着更为强大的力量，通过

这种方式失去自我控制的人，会意识到个体身份不过是幻觉而已。因此，酒神狂喜携带着更为强大的能量。人突然意识到自己是整体的一部分，是自然力量的一个原子，是波浪中的一滴水，是风暴中的一片叶子。这种失去自我的感觉可能是愉悦的，也可能是痛苦的——与周围环境融合时，可能伴随着个人身份和操守的破坏。尼采直观地认为，愉悦和痛苦是一个基本整体，在狂喜的体验中这一点得到了证实。进入酒神状态之后，人不再知道自己是在享受还是在受苦。一种感受必然跟着另外一种，愉悦与痛苦就像再生循环中的不同阶段、不同步骤，从创造到毁灭，再从毁灭到创造。

最好的例子莫过于音乐。事实上，在音乐中，不和谐也是愉悦的来源。因此，它能够让绝望的喊叫变得动听。同时，音乐也是运动、节奏、时间和生成的艺术。所以，音乐教给我们如何短暂彻底地脱离一切状态，无论是痛苦还是愉悦。值得注意的是，在历史上，音乐起源于悲剧。早时，悲剧的主角并非剧中的悲剧英雄，而是用歌声评论剧情的歌队。这就是我们喜欢看悲剧的原因，也是我们喜欢音乐的原因：我们的恐惧和他人的不幸能够让我们感到快乐。即使在今天，迷幻的群体音乐依然能够让个体痛苦烟消云散。

因此，悲剧的人、酒神状态的人，是一个能因生活中的问题和可怕事件而感到快乐的人。他知道什么是苦难，但把苦难视为挑战、激励、对自身力量的考验。悲剧的人是悲观的，因为他肆意泛滥的生命力寻求考验。需要用乐观主义安慰自己的，恰恰是那些软弱的人。

但痛苦的人分为两类：一类人的痛苦来自生命力的丰裕，他们想要酒神艺术，同时也想用悲剧的观点和方式理解生活；另一类人的痛苦来自生命力的贫瘠，他们需要借助艺术和知识来求得休息、平静、安然的大海，或求得沉醉、痉挛、麻木、疯癫。

——《快乐的科学》，第5章，第370节

受苦的原因可能在于自己的力量，在于被压缩的骚动能量找不到出口；受苦的原因也可能在于自己的软弱，对脆弱体质而言任何刺激都是威胁。第一种痛苦需要释放、挑战、压制，第二种痛苦需要束缚、保护、强化。

阿波罗，即梦境的醉

艺术与醉还有第二种形式——日神艺术，它能治愈酒神式出神状态的暴力。酒神主宰混沌深渊，而日神则主宰晶莹剔透、闪闪发光的美丽外表。酒神让我们从过度、无所顾忌的爆发中获得快感，而日神则用纯粹与平衡有形物的节制感来安抚我们。日神的醉不是出神的醉，而是梦境的醉。在梦境中，即使是奇怪和可怕的事情也会在幻觉和想象中发出诱人光芒。痛苦和恐怖被艺术与梦想所特有的非现实感吞噬，被照亮阴影的光、被逃离了深渊咆哮的有形之美化解。在这里，关于自我的幻觉与个人操守获得重生，它们不再呈现为教条，而是转化为对形式的追求。诗人的诗律、雕塑家的比例、画家的调色板，让粗糙的往事柔和起来。

我们应当选择酒神生活还是日神生活？其实，酒神和日神构成了一个过程的两种时刻，是同一动态过程中的两个极端。“大风格就是美战胜丑”，这样说我们就能明白，我们需要日神的静谧之形来包容酒神的肆意能量。如果说日神治愈了酒神暴力留下的创伤，那么酒神反过来也治愈了日神之有形所带来的僵化与瘫痪。

日神和酒神是同一循环的两种时刻。这循环中，有毁灭和创造、消耗和恢复、出神和冥想、出生和重生。这运动正是生成的运动。尼采强调，在这种创造和毁灭的运动中，不存在罪恶感、责任、过错，因为它从根本上说只是一场游戏，是孩子的游戏，也是艺术家的游戏。孩子毁灭沙堡时的天真无邪，与建造沙堡时一模一样。艺术家既享受悲剧，也享受喜剧，既享受痛苦，也享受欢乐。在形而上的本质中，生成即生命，它是天真无邪的。因此，年轻的尼采曾对前苏格拉底哲学家赫拉克利特的永恒（Aion）——宙斯的永恒——进行评论：

生成和消逝，建设和破坏，对之不可作任何道德评定，它们永远同样无罪，在这世界上仅仅属于艺术家和孩子的游戏。如同孩子和艺术家在游戏一样，永恒的活火也游戏着、建设着和破坏着，毫无罪恶感——万古岁月以这游戏自娱。它把自己转化成水和土，就像一个孩子在海边堆积沙堆又毁坏沙堆。[1]

——《希腊悲剧时代的哲学》，第7节

1　中文摘自：尼采，《希腊悲剧时代的哲学》，李超杰译，商务出版社，2020。——译者注

把生活看成孩子的游戏

艺术之美将我们从真相之丑中拯救出来。同理，只有将生活设想为游戏，我们才能承受其悲剧性的一面。在游戏中，我们能够将失败视为基本事实，没有失败就不值得去玩。不过，对尼采来说，游戏不只是人类应对生存无聊的一种策略，它也是宇宙本身的节奏，是所有存在物交换和转化的模式。如果过于严肃地看待这些娱乐项目，把它们归入评判框架，当作静止的东西来评判，那就是对它们的贬低。让流动的东西凝固，丑化事物，就是在否认其生命力，也就是在嘲笑。

而任何极端严肃，难道不是病吗？第一次丑化呢？就在严肃心觉醒的那一刻，丑陋感也觉醒了。严肃对待之日，即扭曲开始之时……

——遗稿，1888年，第15组，第18节

我们已经知道，舞者必须在强力约束下才能获得轻盈与敏捷。舞者需要铁链，钢丝杂技演员需要危险。为了迫使自己变得更加轻盈，我们需要负重前行。轻盈并不意味着分解、散漫、不一。到底需要什么样的重量，才能迫使我们

尽可能轻装上阵？迫使我们全神贯注地游戏人生？到底需要什么样的赌注，才能确保我们绝对不会因游戏而后悔？

关键问题

1. 想一想生命中最糟糕的时刻，那些您希望能永远抹去的记忆。不过，回过头来看，您还会希望这些事情从来没有发生过吗？也许，您认为它们是必要的，是您个性、历史的一部分。您是否能够从中看到一种形式美，一种印记，一片色彩，一道特别的、不可替代的光：即使在肮脏、痛苦、抛弃之中，也有悲剧电影般的美丽场景？尝试以艺术家的视角来审视您的经历，即使是最可怕的事情，也能从中剥离出美。

2. 您是否害怕真相，宁愿一无所知，也不愿面对可能带来不快或危险的知识？面对真相，会发生什么？它将如何改变您？它将唤醒您心中的哪些力量，抑或软弱？

3. 您是否喜欢沉溺于幻想，甚至沉溺于谎言？那么，是什么样的谎言呢？它们是简化现实的谎言，让您以非黑即白的概略方式看待事物，还是否定现实的谎言，让您相信事情与事实相反，或者是美化现实的谎言，夸大、浓缩、升华您的生活和经历？您认为什么样的谎言是最好的？

4. 没有真相、只有谎言，您能忍受这样的想法吗？也许无法选择真相和谎言，只能选择让人活和让人死的谎言？或许您在支持某个想法之前，需要有人证明它是真的？您不能满足于“这个想法能够带来好处”这个理由吗？真相的缺失和谎言的无所不在让您感到沮丧吗？或者您把它视为自由的保证，于是便可以随心所欲地发明属于自己的信仰吗？

5. 您在哪里能够感受到最大限度的醉？是在或愉悦或痛苦的能量消耗、高强度感觉中，在与人群或自然相融合的错觉中，还是在梦幻般的沉思中，在简单形式美所激发的平静中，在秩序和内在尺度的感觉中？思考这些问题，您就会知道，自己到底是酒神体质还是日神体质。

6. 您能否做到不把自己的生命太当回事？能否把它当作一场游戏，或者一次实验？它如何帮助您消化失败、缺陷、痛苦？您能否对此一笑了之？也许您能意识到，如果没有失败，任何游戏都将无聊至极。

对生命大喊“再来一次”

无论艺术家多么具有批判精神和社会责任感，无论他多么想通过自己的行动来改变现实，他都热爱生活，并且不满足于生活本身，而是试图通过自己的作品再次体验生活。他准备就绪，愿意在艺术中重温生命中最失败的那段经历、历史上最糟糕那些事件，通过创作让它们获得永恒。而我们——影迷、歌迷、画迷，被一部电影、一首歌、一幅画感动时，只想做一件事：再看一遍那部电影或那幅画，再听一遍那首歌。

我们总想再感受一次那件艺术品！塑造自己的生活时，也应如此，面对生命的每一个部分，都应当有一样的愿望。这才是最重要的想法！

——遗稿，1881年，第11组，第165节

重复的乐趣

面对生命时，我们能否抱有与面对艺术品时相同的态度？我们是否愿意重温自己的生命，包括其中最痛苦、最无聊的时刻？我们往往想要重复最强烈的快乐，想要重温

旧爱，想回到那个曾经给我们留下深刻印象的地方。对重复的渴望是高层次的肯定，是以加倍、由衷的方式对生命说“是”。当我们想要重复某个情节时，我们不是只说一次“是”，而是无数次地说“是”。然而，我们是否可以用这样的态度对待整个生命，而不是仅限于生命中最愉快的那部分？

为什么我们喜欢重复？对重复的渴望体现了对时间流逝的焦虑。正是这流逝的时间，似乎让事物失去了实质意义。对于往事，我们会觉得它好像从来没有发生过，所以试图让它复活。对转瞬即逝的不满，说明了每个人内心深处对永恒的渴望。虽然尼采批评宗教，批判它们发明超自然世界的行为，但他并不否认宗教能够满足人们对永恒的渴望。这种渴望比对死亡的恐惧更深，因为它是所有欲望的基本组成部分。在“醉歌”中，查拉图斯特拉说，正是愉悦和快乐体验本身促使我们希望它成为永恒。

人啊！你要注意听！
深深的半夜在说什么？
我睡过，我睡过——
我从深深的梦中觉醒：——
世界很深，

比白昼想象的更深。

世界的痛苦很深——,

快乐——比心中的忧伤更深

痛苦说：消逝吧！

可是一切快乐都要求永恒——,

——要求深深、深深的永恒！[1]

——《查拉图斯特拉如是说》，第四部，“醉歌”

必须在生活中寻找永恒

因此，对永生的信仰贬低了真实世界、当下生活。基督徒、穆斯林、佛教徒齐唱：世界只是过眼云烟的表象，真正的生活远在他方。在他们看来，生活不过是一种考验。往好里说，是备考学校；往坏里说，是酷刑折磨。大多数情况下，生活只是进入正题之前必须度过的漫长荒唐时光。与永恒的彼岸相比，今世生活毫无价值。

当人们不把生命的重心放在生命上面，而是将其转移到“彼岸”——移入虚无，那么人们就完全夺取了生命

1　中文摘自：尼采，《查拉图斯特拉如是说》，钱春绮译，东方出版中心，2021。——译者注

的重心。个人不死的大谎言摧毁了本能中所有的理性和自然,——本能中所有对人有好处的、促进生命的、保障未来的东西从现在开始都引起怀疑了。生命没有意义，像这样去生活，现在这成了生命的“意义”……[1]

——《敌基督者》,第43节

因此，夏多布里昂(Chateaubriand)曾经写道:“失去了长生不老的想法，虚无就会无处不在。”如果人不再相信彼岸，就会变成虚无主义者。对这样的人来说，如果虚无不存在，那世界似乎也不存在了。但是，就算他们相信彼岸，此岸的生活也已失去原有的分量、锐度与重要性。于是，他们将“永恒的生命”当作借口，不再为此生投入全部。而我们，为了让此生更加硕果累累、丰富多彩，在看待永恒时就必须站在存在之内，而非存在之外。

让我们把永恒的形象烙印在自己的生命上！这种思想所包含的内容超过了所有宗教。宗教因生命的转瞬即逝而鄙视它，并反过来教导人们把目光转向另一种无法确定的

1　中文摘自:尼采,《敌基督者》,余明锋译，商务出版社，2016。——译者注

生活。

——遗稿，1881年，第11组，第119节

为了让永恒重新回到生命之中，需要补救措施，或者说需要解药。这样才能治愈这人性的病，让人们不再为了假想中更好的生活而贬低当下的人生。从这个意义上说，必须颠覆基督教的价值观。我们所需要的信仰，应该把我们的目光从彼岸带回人间，带回到我们正在生活的时刻和我们正在进行的行动中。起初，这种信仰——关于永远回归的信仰——令人绝望。

最重的分量。假如恶魔在某个白天或某个夜晚闯入你最难耐的孤寂中，并对你说："你过去和现在的生活，就是你今后的生活。它将周而复始，不断重复，绝无新意，你生活中的每种痛苦、欢乐、思考、叹息，以及一切大大小小、无可言说的事情皆会在你身上重现，会以同样的顺序降临，今后同样会出现此刻树丛中的蜘蛛和月光，同样会出现现在这样的时刻和我这样的恶魔。存在的永恒沙漏将不停地转动，你在沙漏中，只不过是一粒尘土罢了！"你听了这恶魔的话，是否会瘫倒在地呢？你是否会咬牙切齿，

诅咒这个口出狂言的恶魔呢？你在以前或许经历过这样的时刻，那时你回答恶魔说："你是神明，我从未听见过比这更神圣的话呢！"[1]

——《快乐的科学》，第四卷，第341节

一想到不得不无数次重温我们生活的每一时刻，就会感到绝望。这里，并不是把生活当作整体，然后思索是否想再活一次，而是说每一个时刻都会永恒重复：各种不便、交通堵塞、争吵、事故、悲剧、疾病、丧亲。永远回归让人害怕，因为它意味着痛苦往事的回归，同时在于所有单调、无聊、焦心的无尽重复，会带来更多的单调、无聊、焦心：周而复始的，都是"相同"的东西。就连尼采，一想到他将永远看到他那强势的母亲、无知且反犹太的妹妹，也会恶心得发抖……

严禁逃离生活

永远回归这一想法之所以具有治疗功效，恰恰就是因为它令人恶心且绝望。我们必须体验幽闭恐惧症，才能

1　中文摘自：尼采，《快乐的科学》，黄明嘉译，华东师范大学出版社，2007。有改动。——译者注

懂得生活是无法逃避的，没有任何借口不为之付出全部努力。面对太过痛苦的生活，有些人把自杀当作终极出路、逃避之策，甚至仅凭这样一个念头就能减轻生活的压迫感。永恒回归这一想法甚至都不给我们留这条出路：自杀之后，我们还会无数次地重温自杀，重新感觉失败、懦弱、抛弃。永恒回归就像稻草人，就像鞭策，它迫使我们为自己的生活负责，要求我们在做出选择之前，想想是否愿意永远重复这一时刻。如果同样的生活会重复出现，对这一想法的恐惧将会促使我们采用不同的方式来生活。尼采打赌，永远回归这一想法能够深刻改变我们。

但是，如果一切都是不可避免的，我该如何行动？思想和信仰是压在你肩上的重担，叠加在其他重担之上，而且比它们更重。你说食物、地方、空气、社会都能改变你、决定你，那么，你的意见对你的改变与决定甚至更多，因为它们决定了你对这种食物、这个地方、这种空气、这个社会的看法。如果你能吸收关于思想的思想，这思想定将改变你。对于你想做的一切，实施之前都要向自己提出这个问题："我想无数次地这样做吗？"这是最沉重的重担。

——遗稿，1881年，第11组，第143节

这样的想法似乎自相矛盾：如果我的生活只是永远重复我做过的事，那我怎么可能改变它？如果再次发生的都是同样的事，以这个角度去思考问题为何能让我变得不同？尼采回答说，永恒回归的想法与其他想法一样，有能力改变我。我们常常忘记，在一个一切都由原因决定的宇宙中，我们的想法并非无能为力，因为它们也是决定我们的因素之一。当然，仅在头脑中想一下永恒回归是不够的。必须要吸收它、体会它，让它在身体里生长。

永恒回归的想法就像一把砍刀、一把手术刀、一根鞭子。作为砍刀，它的作用是砍去不幸失败人生这种可能性：没有人愿意无限期地重复这样的生活。因此，当尼采说“软弱者和失败者必须灭亡”的时候，他想的并不是从物理角度消灭软弱者，而是将永恒回归当作消灭他们的武器。他认为，仅仅依靠“失败人生将无限重复”这一想法就能迫使我们强化自己，放弃怨恨和不满，利用简单的生存本能让我们自己心中的软弱消失殆尽。为了避免自己被这一视角的重担压垮，我们别无选择，必须杀死自己的失败。

在生命上加倍押注

永恒回归这一想法就像一把手术刀。我们做的事中，但凡不是真心实意想要那么做的，都会被它仔细剔除。此外，还有那些半推半就、或虚伪或循规蹈矩的欲望、躲在舒适圈里的行为、因懦弱而采取的行动、因没有更好的选择而做的事、骑驴找马的情况，还有那些我们以“最后一次”为理由允许自己做的事：最后一支烟、最后一杯酒、最后一次毫无怨言地忍受不爽、最后一次允许自己懦弱。永恒回归告诉我们，永远没有最后一次。每一个行为，无论多么微不足道、转瞬即逝，都会无情地回归。这样想的时候，我就不会去做以前允许、忍耐的事，不再等待更好的未来，因为此时此刻就是我的未来。因此，永恒回归的法则保留了宗教道德中的一个理念：根据我们行为的价值进行惩罚或奖励。然而，这种制裁并不在彼岸，也不在我们之外的某个法院。我们自己的行为就是奖励或惩罚，永恒回归这个想法本身就会将其无限放大。因此，永恒回归使我别无选择，迫使我必须做我喜欢的事，且必须喜欢我做的事。它迫使我们像查拉图斯特拉那样说。

我从心底里喜爱的只有生命——确实，即使在我恨生命时，我也最爱生命！[1]

——《查拉图斯特拉如是说》，第二部，“舞蹈之歌”

最后，永恒回归这一想法就像一条鞭子，迫使我们充满创造力。如果我们觉得生活似乎毫无意义，我们就不会再去选择相信背后世界，也不会认为自杀能够逃离荒谬。生活本身的无目的性与盲目机械重复性使得它愈发无足轻重，所以我们更有责任为它创造意义。我们必须像艺术家一样生活，像珠宝商一样打磨我们的存在，对它进行千百次的再加工，完善它、点缀它，使它更加浓烈、更加令人陶醉。

因此，同一事物的永恒回归不能没有新事物的创造。既然我们不能忍受永远重复单调的生活，就必须学会创造丰富的生活，然后设想它再来一回。充分确立这种想法之后，我们就必须为自己的存在创想出多种变化：要看上几百次的剧目和只看一次就丢掉的剧目，写法显然是不同的。

1　中文摘自：尼采，《查拉图斯特拉如是说》，钱春绮译，东方出版中心，2021。——译者注

不再有悔恨和遗憾

在审视过往生活的时候，也必须使用尼采提出的这一视角。不仅要希望此时此刻回归，还要希望遥远过去回归，因为我们的过去就是我们的未来。于是，永恒回归的想法让我们摆脱了怨恨与无力的终极形式——尼采称之为复仇的精神。即使我们能够创造现在并塑造未来，我们也仍然是过去的囚徒，而过去是不受意志控制的。无论是遗憾、悔恨、错误决定、机会错失、痛苦回忆，还是对快乐时光的怀念，我们的过去总是在提醒我们自己的意志有多无力。有些人哀叹自己曾经做过或没做的选择，而他们找到的罪魁祸首——不可逆的时间，根本无法纠正过往的错误。所有的复仇都是想要回到过去，抹掉那段画面；所有的怀旧，都是尝试让过去重生。永恒回归的想法能够治好我们的这种病。如果我们想要重温过往事件，就必须转变自己的意志，彻底为自己的行为担起责任，不给悔恨或遗憾留下空间。

就这样，意志，这个解放者，就成为制造痛苦者：对一切能忍受痛苦者进行报复，以发泄它自己不能逆转之恨。

这一点，仅仅这一点，就是报复本身：就是意志对时间和时间的“过去如此”所存在的反感……

一切“过去如此”都是碎块、谜语和残酷的偶然——直到创造的意志对它说：“可是，是我愿意它如此！”[1]

——《查拉图斯特拉如是说》，第二部，“拯救”

与时间的流逝和解

永恒回归的想法让我们与时间和解。形而上学和宗教把时间与永恒对立起来，把生成（一切流逝的、短暂的、变化的东西）和存在对立起来。但是，如果时间是循环的，那么它就是永恒的，其间的生成之物必定重现。如果说世界是一个巨大的彩票机，那么我们可以确定的是，某一天，同样的球会以同样的顺序落下。如果生成没有目标、目的，如果我们既不是走向天堂，也不是走向末世，那么随机概率这一简单规则决定所有发生的事终会再现。

我们如果接纳这一想法并付诸行动，那么就达到了权力意志的最高阶段：“让生成具备存在的特质，这就是最高级的权力意志。”[2]我们是否足够强大？我们是否爱上了生

---

1 中文摘自：尼采，《查拉图斯特拉如是说》，钱春绮译，东方出版中心，2021。有改动。——译者注

2 遗稿，1886—1887年，第7组，第54节。

活？是否渴求一份新的痛苦和欢乐、创伤和愉悦、惊喜和失望、徘徊和发现？能做到这些的人，就是新的人，是克服了悲观主义和虚无主义考验、准备迎接新朝霞的人。

> 若像我这样，……长期以来力图把悲观主义搞个水落石出，……或许会不知不觉地睁开眼睛，看见相反的理想：那些最热爱现世、生气勃勃、活泼快活的人们的理想，他们不仅已学会了与过去和现在妥协，而且还希望生活永远保持过去和现在那种样子；不仅对自己而且对整个人生大声喝彩……[1]
>
> ——《善恶的彼岸》，第三章，第56节

哲学—行动

1. 在生活中，您一定有喜欢定期重复的活动。在重复时，让您感兴趣的是什么？当然还有一些事，您不喜欢重复，而生活却迫使您经常如此。也许您可以对这些活动做出改变，让重复过程变得愉快一些。这

1 中文摘自：尼采，《善恶的彼岸》，朱泱译，团结出版社，2001。——译者注

只取决于您的态度，或者您的方式。

2. 如果您的生活像永恒回归所预言的那样，将会永远重复，那么您想要对它做出哪些改变？您是否会因不愿重复，于是停止做某些事，还会想让另一些事更加完美？从现在开始，充分吸收这个想法，在生命中每一刻都问问自己："我想无数次重温这一时刻吗？"这样的思考如何改变您，如何改变您的决定和行为？

3. 在日常生活中，您是否有许多行为和态度并非由您主动决定，也就是尼采所说的半推半就的想法，或者有一些事，您告诉自己是"最后一次"？"生活将无限重复"这一想法能否帮助您彻底停止做这些事情，或者让您明白，您的确想做这些事情并享受其中？

对未来张满弓

"总是想要把每个时刻重来一次"，抱着这样的心态去生活，这个任务似乎艰难无比，超出人类的能力。我们的行动和决定必须做到无懈可击、自信而完美，才值得如此重复。或者，必须做到对痛苦和无聊麻木不仁，才能忍受永世受此折磨。人类的软弱之处就在于他需要为自己的失败寻找借口，总是想要逃避，找到新的出路，不想为自己的痛苦承担责任。也许，我们必须接受这一点。怨恨和内疚是人性中不可避免的一部分吗？无法适应现实也是我们性格中的一部分吗？甚至，每当我们享受生活的时候，就会觉得自己有罪吗？不享受生活的时候，就一定要去寻找替罪羊吗？“永恒回归”这一信念禁止我们使用这些借口，它要求我们正视自己的权力和无力。这要求是不是太高了？尼采自己也提出过这个问题。在怀疑时，他曾在笔记本上写道：

> 我不希望自己的生活重演。我怎么能忍受得了这样的生活呢？借助创造。怎样才能让我忍受重演呢？向肯定生命的超人看齐。我自己也试着去肯定它——唉！
>
> ——遗稿，1882—1883年，第4组，第81节

所以，尼采承认，他自己也无法忍受“永恒回归”，不希望生活重演，因为他做不到肯定生命的每一个层面。我们也是如此，也许依然沉浸在虚无主义之中，也许宗教和道德观念在我们身上打下的烙印过深，于是无法完全对生活说“是”。我们可能还没有准备好经受“永恒回归”的考

验。然而，我们可以想象一下能够做到这一点的人是怎样的。这就是尼采所说的超人。

充分实现且现实的人

超人的特点是什么？是非凡的力量，领导或主宰的志向。艺术天分，不同寻常的智慧？实际上，超人这个概念很简单：他是唯一一种能够承受“永恒回归”考验的人，因为他是唯一一种完全接受现实的人。这里所说的现实，既包括他自己的现实，也包括他周围的现实。

> （查拉图斯特拉）想象有一种人，能够认清现实的本来面目：他的强大足以使他不会疏远现实、脱离现实，他就是现实本身，他身上有现实中的一切恐惧和疑惑，只有这样，人才能称得上伟大……[1]
>
> ——《瞧，这个人》，“为什么我是命运”，第6节

对自己和自己的生活不满意，追求不切实际的理想，想要超越自己、成为另一个人，这些都是典型的人性弱点。

1　中文摘自：尼采，《瞧，这个人》，黄敬甫，李柳明译，团结出版社，2006。有改动。——译者注

完全直面自身现实的人，他还能算是人吗？但是，渴望成为另一种人，一种更加强大、更加现实的人，这不也是对人之本来面目的不满吗？这种理想渴望所否定的，不恰恰是我们自己人性的、太人性的现实吗？这样说来，描述超人，是不是在表达对现实中人之平庸的怨恨？提及超人这个行为本身，不就是与尼采所宣称的价值观自相矛盾的吗？

超越自我，而不是自我逃避

这样想其实是忘记了超越自我或战胜自我的愿望是人类乃至所有生命体的基本特征，所有权力都是为了超越已有权力。

> 这个秘密是生命本身告诉我的。“瞧，”它说，“自己必须不断超越自己者，就是我。”
>
> ——《查拉图斯特拉如是说》，第二部，“论自我超越”[1]

人类把超越自我当作目标，这是自然而然的。但西方人把这种超越理解为自我逃避，把它视为对现实的否定。

1 中文摘自：尼采，《查拉图斯特拉如是说》，钱春绮译，东方出版中心，2021。有改动。——译者注对苦行僧的理想来说，超越自我意味着克服本能，进而发展属于自己的理性，同时也意味着摧毁肉体，进而歌颂精神。人将自己一分为二，在想要成为上帝的过程中选择了自己与自己对抗。

我认为，形而上及宗教领域的所有思维方式都源自没能得到满足，源自人心中那个对未来充满期望、想要成为超人的冲动没能得到满足——只不过，在形而上及宗教领域，人们不再建设这个未来，而是选择在彼岸世界自我逃避。误解了高层次天性因人之丑陋而感到的痛苦。

——遗稿，1888年，第27组，第74节

尼采告诉我们，在超越自我的道路上，人可以不再逃避现实，而是让现实变得更加真实；人可以选择不再否认自己的天性，而是进一步肯定它；人可以不再渴望成为上帝，而是渴望成为彻彻底底的人。

过往伟人的榜样

这样至善至美、才华尽施的真实的人，历史上的确有过几个。尼采列举了恺撒、拿破仑，列举了莎士比亚等艺

术家，特别是德国诗人、政治家兼科学家歌德。歌德是尼采笔下的人之典范：他懂得如何驾驭巨大的矛盾，因而使生命变得更加丰富；他从整体上肯定生命，将自然的强大与艺术的细腻结合起来。

歌德塑造了一个强大的人，他学识渊博，善于需要使用身体的各类活动，能够控制自己、尊重自己，他敢于利用天性的每一寸土地与富饶，拥有获得自由所需的强大力量；他是宽容的人，不是出于软弱，而是出于强大，因为他懂得如何利用那可能导致平庸者毁灭的东西；对这样一个人而言，唯一禁止的就是软弱，无论是坏毛病还是差德行……这样一个心灵，获得了自由，带着快乐与自信的宿命论站在一切的中央，他坚信，只有分离的才是应被谴责的，整体中的一切都应得到拯救与肯定——他不再否定……可这样的信仰在所有可能信仰中层次最高：我用狄俄尼索斯的名字称呼它。[1]

——《偶像的黄昏》，“一个不合时宜者的漫游”，第49节

1 这段摘录精湛总结了尼采的全部思想。在整体中一切得到拯救，谴责只在独立观视中发生，这一段体现了斯宾诺莎对他的巨大影响，而歌德也曾公开将斯宾诺莎视为自己的主要影响者。

在人类历史上，像歌德这样的人一直都是例外，类似途中的意外事件，从某种程度上说是怪物，是反常之人，甚至与我们的文化、我们的教育、我们的道德本想培养的类型背道而驰。我们想要培养的人，奴性十足，对自己的身份感到羞耻，因为不自信而忍耐力极差，于是怀疑别人的幸福。那么，能否改造我们的文化，使之有利于像歌德那种个体到来呢？什么样的土壤、环境、气候，能够让这种生灵得以生长？

建设未来人类的家园

就是在这一点上，超人理念对当下生活的意义尽显。即使我们还不能全面捍卫我们的现实，无法忍受"永恒回归"的考验，我们也可以努力，使之有朝一日成为可能。尼采写道，他"借助创造"并"向肯定生命的超人看齐"，由此忍受生活。这两者必然是相辅相成的。在创造新事物的过程中，我们为"新人类"的到来做准备；对"新人类"的渴望，让我们相信自己的创造工作不会白费。从这个意义上说，我们是过渡的生命，是通道、桥梁、绳索，用于跨越动物与超人之间的深渊。

人之所以伟大，乃在于他是桥梁而不是目的：人之所以可爱，乃在于他是过渡和没落。

我爱那些不知道怎样生活的人，他们只知道做个没落的人，因为他们是向彼处过渡者。

我爱那些大大的蔑视者，因为他们是大大的尊敬者，是向往彼岸的憧憬之箭。

我爱那样一种人，他们不向星空的那边寻求没落和牺牲的理由，他们只向大地献身，让大地将来属于超人。

我爱那样一种人，他活着是为了求认识，他求认识是为了有一天超人会出现。因此他情愿自己没落。

我爱那样一种人，他干活、动脑筋，是为了给超人建住房，为了给超人准备大地、动物和植物：因此他情愿自己没落。[1]

——《查拉图斯特拉如是说》，第一部，前言，第4节

我们所依靠的，是前几代人的遗产，而我们的奋斗恐怕也无法在有生之年全部开花结果。我们积蓄的能量，之后会让他人受益。为此，我们必须走向自己的末日，我们

1 中文摘自：尼采，《查拉图斯特拉如是说》，钱春绮译，东方出版中心，2021。有改动。——译者注

必须努力做自己能做的事情，直到筋疲力尽。也许我们会失败，但我们知道，自己的失败将是未来成功的土壤。

爱远人，而不爱近人

尼采既批评自私自利，也批评舍己为人。自我是一种幻觉，其实每个人都只是人类进化中的一个过渡阶段，是“树上的小芽”。“爱近人”也总是以狭隘的自我满足为目标，与自私自利并无多大区别。尼采更倾向于“爱远人”这一概念。之所以必须行动，不是为了街坊的利益，而是为了人类尚未开发的潜在可能性。而这些可能性，有一天终将因我们今天的努力而开花结果。

爱远人——倾慕未来的伟大人类，这就是尼采衷心企盼的新一代贵族的标志。如今被我们称为“贵族”的，其实是越权把过往人类的伟大之处安放到了自己身上的人。但是，真正的贵族是看向未来的，他的高贵来自后代，来自他对全新生命形式所投入的努力。

哦，我的弟兄们，你们这些高贵的人不应后顾，而应向前看！你们应当是从一切父辈和祖先的国土里被放逐出来的人！

你们应当爱你们的孩子们的国家：让这种爱成为你们的新的高贵品质——这个国家尚未被发现，存在于最遥远的海上！[1]

——《查拉图斯特拉如是说》，第三部，“古老的法版和新的法版”，第12节

不过，如果我们没能力成为超人，甚至没能力给超人当祖先，那又该怎么办呢？如果我们没有这种雄心壮志，没有这种对彼岸的憧憬，那我们能否成为新一代贵族的仆人，成为这些新主人的奴隶？

我们每个人都能成为超人吗？

我们当然希望每个人都能过上绝对独特、不同凡响的生活，超越自己并以自己的方式成为超人。然而，这样的社会似乎不可能实现：总是需要有人来完成重复的、按部就班的、官僚的、模式化的任务。进一步分析也会发现，许多人并不希望成为出类拔萃、与众不同、充满创造性的人：他们不喜欢思考问题，不喜欢体验身体或智力上的危险快感；他们偏好固定的想法，想要停留在舒适圈里；他们不

1 摘录同上。——译者注

愿承担责任，不愿独立做决定，特意选择服从于某个体系、职能、等级制度、道德规范。我们应该责备他们吗？是否应该不惜一切代价改变他们？尼采的大部分哲学向平庸宣战，那种以宣传平庸、扼杀特立独行为唯一目的的道德观念，正是尼采批判的对象。为此，尼采在1886年写道：

> 只有平庸者有可能继续存在和繁衍。他们将是未来之人，将是仅有的幸存者。“跟他们学！做平庸者！”是目前仍然有意义、仍可赢得听众的唯一道德。[1]
>
> ——《善恶的彼岸》，第九章，第262节

尼采认为，弱者凭借人数众多，总是能够占上风。所以，不应帮助弱者抗击强者，而应帮助强者抗击弱者。他还说，达尔文是错误的：能够生存并繁衍的不是强者，而是弱者和平庸者。几年之后，在其哲学生涯之末，他似乎改变了自己的立场。他经常如此，过一段时间就会意识到自己有些过分夸张。他在哲学思考中经常摇摆不定，并将这种摇摆视为知识分子的刚正不阿、不断自我拷问的诚实

1 中文摘自：尼采，《善恶的彼岸》，朱泱译，团结出版社，2001。有改动。——译者注

标志。1888年，他写道：

更高深的心灵在平庸之中看到了对自己的反对，这是完全不该有的事。平庸本身是杰出能够存在的首要条件：有平庸，才可能有更高尚的文化。当杰出者在拨弄平庸者时远比对待自己及其同类更加小心翼翼，这并不是心存礼貌，只是他的义务罢了……

——《敌基督者》，第57节

由幸福之所在做决定

可以看到，即使在尼采主张的那种等级森严、金字塔式的不平等社会里，也可以有一种平等。它并非条件或责任的平等，而是以平等的目光看待所有人，所有人都有权主张同等的福祉。平庸并非缺陷或瑕疵，也不是命中注定的不幸，而是一种选择。因此，尼采并不主张平等权利。他认为，平庸是一种特权，它所带来的优势、便利、回报是杰出者无法企及的。我们在社会中的等级高低与地位，其决定性因素在于我们的幸福在哪里，自我实现取决于什么。

为了对社会做贡献，为了当一个齿轮、从事一项职务，其中必有天性使然：把人们组成聪明机器的，并不是社会，而是大多数人能够获得的那种幸福。对于平庸者而言，能够平庸是一种幸福；对于掌握单一领域的人而言，专精是天赋。

——《敌基督人》，第57节

我们的幸福在哪里：在于拒绝唾手可得的幸福，在于战胜痛苦与把玩危险，在于直面模棱两可、荒谬至极的存在，还是在于豪华舒适，在于躲在由安抚人心的信仰所构造的安乐窝里，在于熟悉的习惯和有用处的感觉中？我们的幸福在于未来的风险，还是现在的安全？我们想沉湎于追求卓越的过程，还是想在平庸的罐子里自我保全？我们渴望成为超人，还是满足于当末人，或者介于两者之间？也许，我们必须治愈的，是自己非分的野心与非人的苛求。

尼采已经为我们留下选择，之后的路，就要靠我们自己了。现在，请再去听一下他在本书开篇对我们提出的要求：是时候了，请丢掉尼采，找回自己。

生平介绍

1844年10月15日，弗里德里希 · 尼采 (Friedrich Nietzsche) 出生于普鲁士王国萨克森州的洛肯小镇。他的父亲、祖父和外祖父都是新教牧师——可见，在“向基督教宣战”之前，他对基督教的事早已烂熟于心。

尼采四岁时，父亲摔倒，出现神经错乱，一年后去世。尽管幼年丧父，但尼采仍留有对父亲的记忆，深情而感伤。

不久，弟弟早夭。此后，尼采的成长环境里只剩女性：妹妹伊丽莎白 (Elisabeth)、母亲、祖母，还有两个未婚的姑姑。

少年时期，尼采入读著名的普福尔塔 (Pforta) 寄宿学校。其间，他因一篇文章受到人们的关注。这篇文章关于弗里德里希 · 荷尔德林 (Friedrich Hölderlin)，一位目光高远的诗人，和尼采父亲一样，死前曾多年神经错乱。尼采写这篇文章的时候，荷尔德林还不为人所知 (一个世纪之后，他的天资才得到众人认可)。所以，有人建议尼采，他应该去关注那些“更加理智、更加干净、更有德国气质”的诗人。

在大学里，尼采曾短暂学习神学，后改专业，研究语言文字学。尼采之后的哲学也得益于这门破译古代文本和失传语言的艺术。在这门学科的影响下，尼采把现实视为一种诠释，并以此着手破译宗教、形而上学、道德观念和艺术等症状在情感与生理层面上的意义。

正是在大学期间，尼采在一家书店里偶然发现了阿图尔 · 叔本华 (Arthur Schopenhauer) 的重要作品《作为意志和表象的世界》，并一口气读完了这本千页大书。

尽管尼采的全部哲学思想都可以视为对叔本华悲观主义的反驳，但在一点上，他一直忠实于自己的老师：尼采的哲学是对存在悲剧性质的快乐的肯定。也就是说，他仍以叔本华理论性而非实践性的悲观主义为前提。

24岁的尼采，意气风发，还没完成论文答辩就已经获得巴塞尔大学教授职位。很快，他出版了第一本书《悲剧的诞生》。从这本书中，已经能够看出之后伴他一生的主要立场与探讨主题。这本书也见证了理查德 · 瓦格纳 (Richard Wagner) 对尼采的影响：当年，尼采读到瓦格纳《特里斯坦与伊索尔德》的钢琴谱，激动万分，之后又在离巴塞尔不远处的特里布申瓦格纳的家中拜访了大师本人。

当时的尼采意识到19世纪末也有真正的天才，于是，他把瓦格纳当作自己的代理父亲，并把瓦格纳的妻子、李斯特 (Franz Liszt) 的女儿科西玛 (Cosima) 视为都市成熟女性的典范。

不过，当瓦格纳在他所建立的拜罗伊特音乐节上把自己奉为活上帝时，一切都变了。瓦格纳倒退了，回到了基督教中，毫不掩饰自己对犹太民族的疯狂仇恨。

尼采在《瞧，这个人》中写道，他本以为瓦格纳代表了反德意志的一切，代表了被他称为音乐与道德“哈希什”的艳丽异国情调，但现在，瓦格纳变成了“德意志帝国的民族主义者”。这一点让尼采无法原谅。

1879年，由于严重的健康问题，尼采不得不辞去巴塞尔大学的教职。他拿着微薄的伤病抚恤金，根据健康状况选择有利的气候条件：夏天住在瑞士阿尔卑斯山区，冬天住在地中海沿岸。正是在这一时期，他遇到了露·安德烈亚斯-莎乐美（Lou Andreas-Salomé），一个年轻的俄罗斯女孩。当时露21岁，有天赋、自由、美丽、独立。尼采立即把她视为自己思想的灵魂伴侣、梦寐以求的弟子。但是，这位年轻女孩显然对他们的共同朋友保罗·雷厄（Paul Rée）更感兴趣……

此外，尼采的妹妹伊丽莎白也从中作梗，破坏这段刚刚萌芽的关系。她将露称为“动物”，指责她是“我哥哥哲学的化身，自私自利，疯了一般，对路上的一切不管不顾，完全没有道德观念”。这些语句，不仅表明了伊丽莎白无边无际的占有欲和怨恨，同时也说明她完全不理解她哥哥的哲学……

1885年，伊丽莎白与仇视犹太民族的激进派伯恩哈德·弗尔斯特（Bernhard Foerster）结婚。于是，兄妹俩彻底决裂。尼采一再表示自己坚决反对妹夫那令人作呕的意识形态，称他是一只“对犹太民族充满复仇情绪的鹅”。之后，伊丽莎白与弗尔斯特一起离开欧洲，前往巴拉圭，建立起“雅利安”素食者营地。

除了妹妹之外，尼采也不得不与自己的朋友雷厄以及露决裂，虽然他依然饶有兴趣地关注露的早期出版作品。孤独、被抛弃、被背叛、被误解，尼采曾如此近距离了解怨恨和不满。但是，正因为他必须在自己的生活中克服怨恨这种情绪，所以才会在哲学中努力谴责它。

尼采认为，真正的思想只能产生于肌肉运动。因此，他曾沿着瑞士恩加丁冰川或地中海长时间散步，寻找慰藉。

在法国滨海阿尔卑斯省的埃兹，如今还能看到“尼采小径”，那是《查拉图斯特拉如是说》的灵感源泉；在瑞士格劳宾登州锡尔斯-玛丽亚，还能看到曾经启发他得出“永恒回归”思想的那块岩石。尼采在这里了解到太阳、密史脱拉风、法国普罗旺斯的游吟诗人、意大利皮埃蒙特地区的美食，并将之称为“世界最美”。他赞颂比才（Georges Bizet）音乐中的“非洲”精神，将其视为瓦格纳那种日耳曼式的颓废、消沉的完美解药。现在，尼采站在“阿尔卑斯山另一端”重新审视自己的祖国。

1888年是尼采创作最狂热的一年，他写就了四部杰作，但第二年年初他就崩溃了。

尼采后期作品的语言尤为毒辣。他的那些书信有时也会相当坦率、狂妄。比如，他会建议“射杀所有反犹太主义者”，甚至提出要为“统治世界”服务。

一个冬日，在意大利都灵的街道上，他跑去救助一匹刚被杀死的马，紧紧拥抱它，随后自己也昏倒在地。

在生命最后的十年时间里，尼采失去了理智。这个谴责基督教中同情与怜悯之情的人，在最后一刻却绝望地表现出同样的怜悯和同情，不知道是讽刺，还是哲学深意……

是什么导致尼采的长期神经错乱？

在很长一段时间里，人们认为尼采可能在1870年战争时期感染了梅毒，由此引发瘫痪。此后，还有人提出，他可能从父亲那里遗传到神经系统疾病。无论如何，可以肯定的是，他的病绝不是因其思想而起。

这里，必须提醒读者：尼采认为，是我们的身体状态引发了思想，而不是思想引发了身体状态。所以，应当这样看：尼采健康至极，所以能够长期抵御这潜藏的病，而这健康所产生的药物、防御、计谋，就是他那特立独行的哲学。

尼采精神崩溃后，一直以来与他不合的妹妹伊丽莎白开始照料他，把他接回德国。之后，伊丽莎白严重篡改、伪造尼采的思想，最终为新生纳粹主义所用。

然而，历史上从来没有哪位思想家曾像尼采一样如此正面、明确地反对恶意杀人意识形态的三大支柱：民族主义、日耳曼至上、反犹太主义。一直以来，尼采对这三种思潮深恶痛绝，曾很有先见地奋力与其斗争，并由衷呼吁“优秀的欧洲人”。

在生命的最后几年里，尼采很少说话，也不记得自己曾经的哲学作品。不过，有时他会长时间坐在钢琴前即兴演奏。尼采的正式谱曲相当平庸，这一点已有共识。但是，他的即兴演奏才能，却令那个时代的所有见证人赞不绝口。

其实，单凭那抑扬顿挫、色彩丰富、旋律优美且俏皮的德语散文，说他是有史以来最伟大的音乐家之一也毫不为过。

阅读
指南

《快乐的科学》

（*Le Gai Savoir*）

尼采作品中最光辉、最闪耀的一本。

《善恶的彼岸》

（*Par-delà bien et mal*）

尼采作品中最富哲理的一本，严谨完整地阐述了他成熟时期的思想。

《偶像的黄昏》

（*Le Crépuscule des idoles*）

短小精悍，总结了尼采生命晚期坚守的立场。

以上三部作品，法文版最佳译本来自帕特里克·沃特灵（Patrick Wotling），注释丰富，由弗拉马利翁出版社出版。

《查拉图斯特拉如是说》

（*Ainsi parlait Zarathoustra*）

尼采最有名的一本书。但对于刚刚开始了解

他思想的人来说，这本书帮助不大。他用时而沉重、时而戏谑、不断反复的诗意语言所诠释的思想，在其他几本书中有着更加详细的解释。但该书最后一部分堪称文学史上的丰碑。

本书中大量引用尼采遗稿，原因在于，与以上几本文学性更强且更加详尽的著作相比，遗稿中所用语句更加简明扼要。然而，非专业人士更关注已出版作品，对遗稿兴趣不大。以这些遗稿汇编构成的“伪”作《权力意志》也是如此。

吉尔 · 德勒兹，《尼采》，上海人民出版社，2020。

一本导读，篇幅短、信息量大，极为精要，后附相当考究的选段。必备。

出自同一位作者：《尼采与哲学》，河南大学出版社，2016。诠释更为精彩，但阅读难度更高，充分展现了德勒兹的天才和他对尼采的忠诚。

沃特 · 考夫曼,《尼采：哲学家、心理学家、敌基督者》，普林顿斯顿大学出版社，1950。

对于能够阅读英文作品的读者来说，这是尼采导读中最棒的一本。绝不教条，敏锐关注细节，同样适合有一定修养的非专业读者。

帕特里克 · 沃特灵,《自由精神的哲学》，弗拉马利翁出版社，2008。

文集，依次考察尼采哲学的多个主题。

出自同一位作者：《尼采与文明的问题》，法兰西大学出版社，2009年再版。着眼整体，解读精湛，重点强调了尼采思想领域中此前鲜有人讨论的部分。

图书在版编目（CIP）数据

与尼采一起创造自己 /（法）巴尔塔萨・托马斯著；狄佳译．—上海：上海三联书店，2023.5
ISBN 978-7-5426-8102-7

I. ①与… Ⅱ．①巴… ②狄… Ⅲ．①尼采（Nietzsche, Friedrich Wilhelm 1844-1900）– 哲学思想 – 研究 IV. ① B516.47

中国国家版本馆 CIP 数据核字 (2023) 第 066150 号

与尼采一起创造自己

著　　者　［法］巴尔塔萨・托马斯
译　　者　狄　佳
总 策 划　李　娟
策划编辑　李文彬
责任编辑　方　舟
营销编辑　都有容
装帧设计　潘振宇
封面插画　潘若霓
监　　制　姚　军
责任校对　王凌霄

出版发行　上海三联书店
（200030）中国上海市漕溪北路331号A座6楼
邮　　箱　sdxsanlian@sina.com
邮购电话　021-22895540
印　　刷　北京盛通印刷股份有限公司

版　　次　2023年5月第1版
印　　次　2023年5月第1次印刷
开　　本　787mm × 1092mm　1/32
字　　数　128千字
印　　张　8
书　　号　ISBN 978-7-5426-8102-7/B・837
定　　价　59.00元

敬启读者，如发现本书有印装质量问题，请与印刷厂联系15901363985

人啊，认识你自己！